Happy Chinese 중국어 교실

3 초급

Happy Chinese
중국어 교실 초급 3

지은이 한민이
펴낸이 임상진
펴낸곳 (주)넥서스

초판 1쇄 발행 2007년 7월 25일
초판 16쇄 발행 2018년 4월 10일

출판신고 1992년 4월 3일 제311-2002-2호
10880 경기도 파주시 지목로 5
Tel (02)330-5500 Fax (02)330-5555

ISBN 978-89-5795-131-6 94720
      978-89-5795-135-4 (세트)

가격은 뒤표지에 있습니다.
잘못 만들어진 책은 구입처에서 바꾸어 드립니다.

www.nexusbook.com
넥서스CHINESE는 (주)넥서스의 중국어 전문 브랜드입니다.

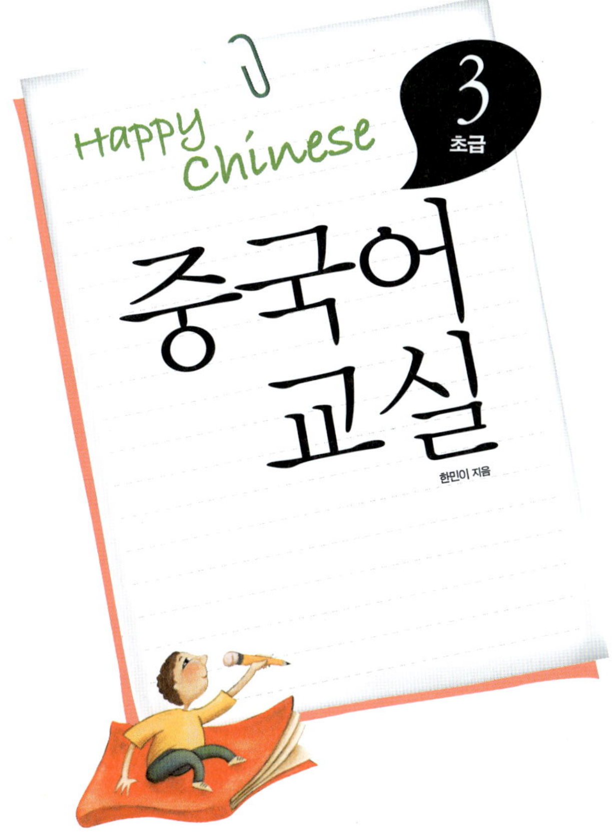

Happy Chinese
3
초급
중국어
교실
한민이 지음

중국어 학습의 가장 정확하고 빠른 '지름길' 이 여기 있습니다!

중국어와 친구 되기를 희망하는 여러분을 진심으로 환영합니다.
중국어 첫 수업, 마치 첫 데이트를 하던 때와 비슷한 가슴 벅참과 설렘이 느껴지던 순간이었습니다.

이제부터 배워갈 중국어는 순간순간 여러분에게 주는 희열도 만만치 않겠지만, 때론 여러분을 속상하게 할지도 모릅니다. 저도 예전엔 맘고생 많이 했거든요. 그래서 "에라 모르겠다!" 하고 포기하려고도 했었습니다. 그·러·나 그동안 공부했던 시간과 학원비로 날린 돈이 아까워 오기로 버티다 보니 어느새 중국어가 없으면 숨을 쉬어도 살아 있는 것이 아니요, 밥을 먹어도 배가 부르지 않는 중국어 중독자가 되고 말았습니다.

여러분도 이 교재를 만난 이상 '저' 처럼 그렇게 되실 거라고 믿습니다. 이 책에는 말이죠, '저' 의 중국어 사랑이 듬뿍 담겨 있습니다. 세상의 모든 부모님은 이렇게 말씀하십니다. '내 새끼만큼은 고생시키고 싶지 않아요.' 저 역시 저의 중국어 후배이신 여러분들은 제가 했던 고생을 안 했으면 하는 마음에서, 그 옛날의 시행착오를 거울삼아 이 책 구석구석을 채웠습니다.

어떻게 채웠는지 말해달라고요? 여러분께서 만약 열정과 좌절 사이를 넘나들며 〈Happy Chinese 중국어교실〉 시리즈를 모두 끝내신다면 어느새 중국어 실력이 몰라보게 향상된 자신을 발견하게 될 것입니다.

어학에는 '왕도' 란 없습니다. 그러나 어떤 방법을 택하느냐에 따라 '지름길' 은 찾을 수 있습니다. 여러분은 이 책에서 중국어 학습의 '지름길' 을 발견하실 수 있으리라 믿습니다. 이제 중국어를 시작하는 여러분에게 '중국어 학습의 든든한 동반자' 가 되겠습니다.

모쪼록 중국어와 마음이 '통(通)' 해 끝까지 함께하는 여러분이 되셨으면 하는 마음입니다.

2007년 한민이

이 책의 구성

기본회화

이번 과에서 배울 회화와 어법을 간단한 회화로 맛을 봅니다. 단문으로 외우지 말고 꼭 A,B 짝으로 외우세요.

상황회화

다섯 명의 주인공들이 펼치는 드라마 스토리. 학교에서 벌어지는 일들과 회사 생활에서 벌어지는 일들이 한 편의 드라마로 펼쳐집니다. 자~ 우리 주변에서 일어나는 일들을 중국어로 어떻게 표현하는지 코믹한 삽화와 함께 드라마로 감상해 볼까요? 회화는 꼭 소리 내어 5번씩 읽으세요. 어법까지 해결됩니다.

Chinese Dictionary

테마별로 중국어 단어를 모았어요. 앞으로 배울 과에서 필요한 내용들이니 주의해서 보세요~

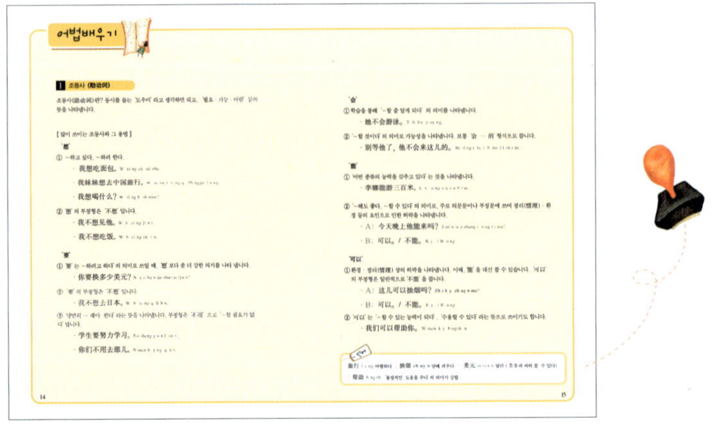

어법배우기

회화 속에 숨어 있는 어법들을 하나하나 쏙쏙 파헤쳐 볼까요?
체계적인 설명과 풍부한 예문으로 중국어의 기초를 다지세요~!

자 ~ 앞에서 배운 기본회화와 상황회화, 그리고 어법을 가지고 본격적인 확인학습으로 들어 갈까요?

HSK 听力

듣기 문제입니다. 녹음을 잘 듣고 물음에 답해 보세요. 책을 보고 이해하는 것과 귀로만 듣는 중국어는 차원이 다릅니다. 절대~ 컨닝하지 마세요!

HSK 口语

말하기 문제입니다. 앞에서 배웠던 회화인데 입으로 떨어지지 않는다고요? 반복 연습!!! 이미 다 배운 내용이니 겁먹지 마세요~!

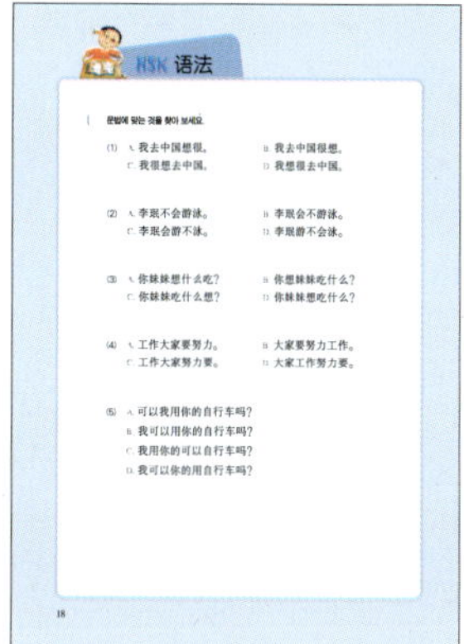
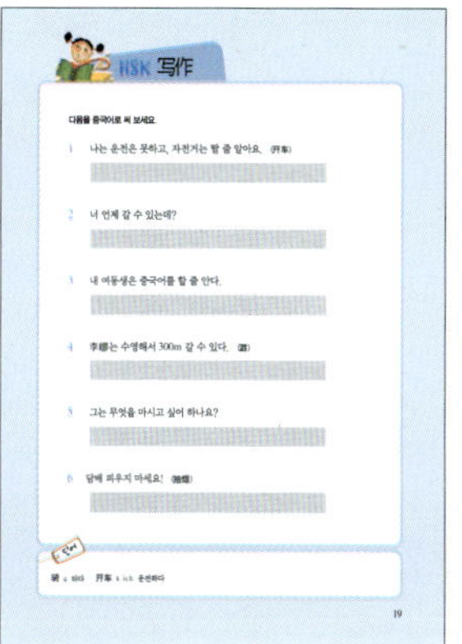

HSK 语法

어법 문제입니다. 주로 〈어법배우기〉에서 다뤘던 내용이나 수업 중에 선생님이 강조하셨던 내용을 위주로 공부하면 어법은 그리 어렵지 않답니다.

HSK 写作

앞에서 배웠던 내용을 쓰기로 총체적으로 점검합니다. 보고 쓰고를 되풀이해도 아련한 기억 속의 그대처럼 어렴풋하니 틀린 문제는 읽고 쓰고를 여러 번 반복하세요!

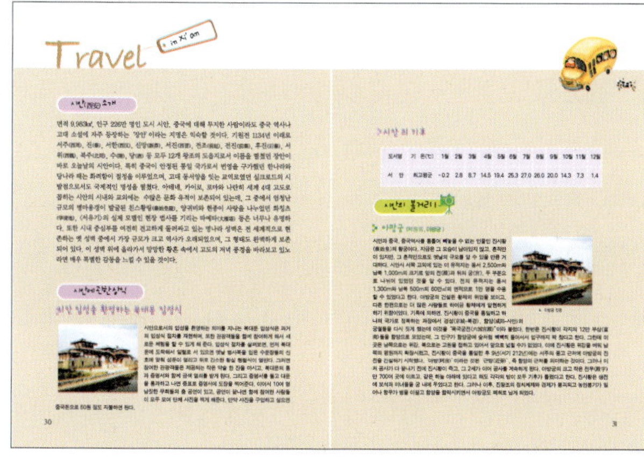

시안으로 여행을 떠나요~~~

시안의 볼거리, 먹거리, 기념품 쇼핑 등 시안의 구석구석을 찾아가 봅니다.
가보지 않아도 시안이 한눈에 쏙!!!

주인공 프로필

이민

대학을 졸업하고 대기업에 우수한 성적으로 입사한 인재. 두뇌는 명석하고 예의가 바르지만 가끔 눈치가 없다. 제대로 된 연애도 한 번 못해 본 바른생활 사나이...

김소영

기획실에서 근무하는 커리어우먼. 당차고 활발하나 지나치게 솔직해 가끔 상대방을 무안하게 한다. 신입사원 이민에게 첫눈에 반해 대시하려 하는데...음~ 이민보다 나이가 많다.

왕명

화교지만 중국어를 잘 못하는 바람의 사나이. 거래처 직원으로 앞으로 이민, 김소영과 함께 일을 한다.

이나

이민의 여동생. 21살의 발랄한 대학생이다. 철부지 막내로 패션과 여행에는 관심이 많으나 공부에는 관심이 없다.

동동

이나와는 둘도 없는 소꿉친구. 키가 작고 뚱뚱해 둔해 보이지만 알고 보면 귀여운 남자!!!

차례

PART 01

我想去游泳池。

수영장에나 갈까 해요.

학습목표

조동사 '想', '要', '会', '能', '可以'의 용법과 서로서로의 차이점에 대해 알아보고, 상황회화를 통해 응용해 보도록 합니다.

Track  01

 01

A : 他会说汉语吗？
Tā huì shuō Hànyǔ ma?

B : 他不会说汉语，会说英语。
Tā bú huì shuō Hànyǔ, huì shuō Yīngyǔ.

 02

A : 你想去哪儿？
Nǐ xiǎng qù nǎr?

B : 我想去书店。
Wǒ xiǎng qù shūdiàn.

 03

A : 我可以爱你吗？
Wǒ kěyǐ ài nǐ ma?

B : 不行，我有男朋友。
Bù xíng, wǒ yǒu nán péngyou.

 04

A : 你能游多少米？
Nǐ néng yóu duōshao mǐ?

B : 我能游1000米。
Wǒ néng yóu yì qiān mǐ.

 단어

会 huì ~할 수 있다 | 书店 shūdiàn 서점 | 行 xíng 좋다, 괜찮다 | 能 néng ~할 능력이 되다 | 游 yóu 수영하다 | 多少 duōshao 얼마나 | 米 mǐ 미터

상황 호I호I

Track 02

▶▶ 화창한 날씨와 녹음이 우거진 교정… 李娜의 마음도 흔들리고 있는데…

同学　李娜，下课后你想去哪儿？
　　　　Lǐ Nà, xiàkè hòu nǐ xiǎng qù nǎr?

李娜　我想去游泳池。
　　　　Wǒ xiǎng qù yóuyǒngchí.

同学　你会游泳啊？
　　　　Nǐ huì yóuyǒng a?

李娜　当然，你呢，不会？
　　　　Dāngrán, nǐ ne, bú huì?

同学　我是个旱鸭子。
　　　　Wǒ shì ge hànyāzi.

李娜　是吗？那你会什么运动？
　　　　Shì ma? Nà nǐ huì shénme yùndòng?

同学　我会打网球。
　　　　Wǒ huì dǎ wǎngqiú.

李娜　哦！哪天我们一起去打网球，怎么样？
　　　　Ò! Nǎ tiān wǒmen yìqǐ qù dǎ wǎngqiú, zěnmeyàng?

同学　好啊，没问题！
　　　　Hǎo a, méiwèntí!

 **단어**

游泳 yóuyǒng 수영하다 ｜ 当然 dāngrán 당연하다 ｜ 旱鸭子 hànyāzi 맥주병 ｜ 打 dǎ ❶ (운동)하다 ❷ (전화를) 걸다 ❸ (차를) 잡다 ｜ 网球 wǎngqiú 테니스 ｜ 哦 ò 아! (납득을 나타냄)

1 조동사 (助动词)

조동사(助动词)란? 동사를 돕는 '도우미' 라고 생각하면 되고, '필요·가능·바람' 등의 뜻을 나타냅니다.

[많이 쓰이는 조동사와 그 용법]

'想'

① '~하고 싶다', '~하려 한다' 의 의미를 나타냅니다.

· 我想吃面包。 Wǒ xiǎng chī miànbāo.

· 我妹妹想去中国旅行。 Wǒ mèimei xiǎng qù Zhōngguó lǚxíng.

· 你想喝什么? Nǐ xiǎng hē shénme?

② '想' 의 부정형은 '不想' 입니다.

· 我不想见他。 Wǒ bù xiǎng jiàn tā.

· 我不想吃饭。 Wǒ bù xiǎng chī fàn.

'要'

① '要' 는 ~하려고 하다' 의 의미로 쓰일 때, '想' 보다 좀 더 강한 의지를 나타냅니다.

· 你要换多少美元? Nǐ yào huàn duōshao měiyuán?

② '要' 의 부정형은 '不想' 입니다.

· 我不想去日本。 Wǒ bù xiǎng qù Rìběn.

③ '당연히 ~ 해야 한다' 라는 뜻을 나타냅니다. 부정형은 '不用' 으로 '~할 필요가 없다' 입니다.

· 学生要努力学习。 Xuésheng yào nǔlì xuéxí.

· 你们不用去那儿。 Nǐmen bú yòng qù nàr.

'会'

① '(학습을 통해) ~할 줄 알게 되다' 라는 의미를 나타냅니다.

　　· 她不会游泳。 Tā bú huì yóuyǒng.

② '~할 것이다' 의 의미로 가능성을 나타냅니다. 보통 '会…的' 형식으로 씁니다.

　　· 别等他了，他不会来这儿的。 Bié děng tā le, tā bú huì lái zhèr de.

'能'

① '어떤 종류의 능력을 갖추고 있다' 는 것을 나타냅니다.

　　· 李娜能游三百米。 Lǐ Nà néng yóu sānbǎi mǐ.

② '~해도 좋다', '~할 수 있다' 의 의미로, 주로 의문문이나 부정문에 쓰여 정리(情理) · 환경 등의 요인으로 인한 허락을 나타냅니다.

　　· A: 今天晚上他能来吗？ Jīntiān wǎnshang tā néng lái ma?

　　· B: 可以。／ 不能。 Kěyǐ. / Bù néng.

'可以'

① 환경 · 정리(情理)상의 허락을 나타냅니다. 이때, '能' 을 대신 쓸 수 있습니다. '可以' 의 부정형은 일반적으로 '不能' 을 씁니다.

　　· A: 这儿可以抽烟吗？ Zhèr kěyǐ chōuyān ma?

　　· B: 可以。／ 不能。 Kěyǐ. / Bù néng.

② '可以' 는 '~할 수 있는 능력이 되다', '수용할 수 있다' 라는 뜻으로 쓰이기도 합니다.

　　· 我们可以帮助你。 Wǒmen kěyǐ bāngzhù nǐ.

단어

旅行 lǚxíng 여행하다　｜　抽烟 chōuyān 담배 피우다　｜　美元 měiyuán 달러 (美金과 바꿔 쓸 수 있음)

｜ 帮助 bāngzhù '물질적인 도움을 주다' 의 의미가 강함

Track 03

녹음을 잘 듣고 맞는 그림을 찾아 보세요.

1 Ⓐ   Ⓑ

 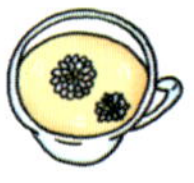  

A   B   C   D

2 Ⓐ   Ⓑ

A   B   C   D

3 Ⓐ   Ⓑ

A   B   C   D

그림을 보며 대화를 완성해 보세요.

(1) 

Ⓐ 下课后你想去哪儿？

Ⓑ 下课后　　　　　　　　
　　　　　　（图书馆）

(2) 

Ⓐ 你会游泳吗？

Ⓑ 我不会游泳，　　　　　
　　　　　　（篮球）

(3) 

Ⓐ 这儿可以喝酒吗？

Ⓑ 　　　　　　　　　　　

(4) 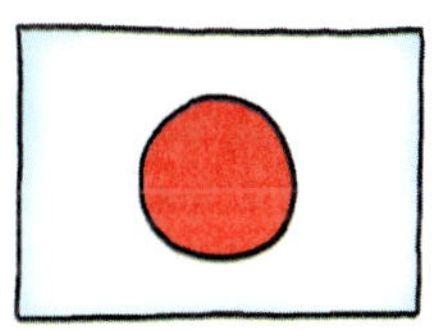

Ⓐ 你要去中国吗？

Ⓑ 我不想去中国，　　　　

图书馆 túshūguǎn 도서관 ｜ 打 dǎ (운동)하다 ｜ 篮球 lánqiú 농구 ｜ 喝 hē 마시다

문법에 맞는 것을 찾아 보세요.

(1)   A. 我去中国想很。   B. 我去中国很想。
      C. 我很想去中国。   D. 我想很去中国。

(2)   A. 李珉不会游泳。   B. 李珉会不游泳。
      C. 李珉会游不泳。   D. 李珉游不会泳。

(3)   A. 你妹妹想什么吃？   B. 你想妹妹吃什么？
      C. 你妹妹吃什么想？   D. 你妹妹想吃什么？

(4)   A. 工作大家要努力。   B. 大家要努力工作。
      C. 工作大家努力要。   D. 大家工作努力要。

(5)   A. 可以我用你的自行车吗？
      B. 我可以用你的自行车吗？
      C. 我用你的可以自行车吗？
      D. 我可以你的用自行车吗？

다음을 중국어로 써 보세요.

1 나는 운전은 못하고, 자전거는 탈 줄 알아요. (开车)

2 너 언제 갈 수 있는데?

3 내 여동생은 중국어를 할 줄 안다.

4 李娜는 수영해서 300m 갈 수 있다. (游)

5 그는 무엇을 마시고 싶어하나요?

骑 qí 타다 | 开车 kāichē 운전하다 | 什么时候 shénme shíhou 언제

야채와 채소

葱 cōng 파

辣椒 làjiāo 고추, 피망

茄子 qiézi 가지

南瓜 nánguā 호박

萝卜 luóbo 무

黄瓜 huángguā 오이

蒜 suàn 마늘

胡萝卜 húluóbo 당근

西红柿 xīhóngshì 토마토

我给你一百块钱。

여기 100위안요.

기본회화

Track 05

01

A : 你想给我什么？
Nǐ xiǎng gěi wǒ shénme?

B : 我想给你一块手表。
Wǒ xiǎng gěi nǐ yíkuài shǒubiǎo.

02

A : 韩老师教你们什么？
Hán lǎoshī jiāo nǐmen shénme?

B : 她教我们汉语。
Tā jiāo wǒmen Hànyǔ.

03

A : 我问你一个问题，可以吗？
Wǒ wèn nǐ yí ge wèntí kěyǐ ma?

B : 可以，快问吧。
Kěyǐ, kuài wèn ba.

04

A : 师傅，我给您一百块。
Shīfu, wǒ gěi nín yìbǎi kuài.

B : 小姐，我找您五块。
Xiǎojie, wǒ zhǎo nín wǔ kuài.

단어

给 gěi ❶ 주다 ❷ ~에게 ┃ 块 kuài 덩어리, 조각을 표현하는 양사 (주로 고기, 시계, 빵, 천 등에 쓰임) ┃ 手表 shǒubiǎo 손목시계 ┃ 师傅 shīfu 아저씨 ┃ 找 zhǎo ❶ 거슬러주다 ❷ 찾다 ❸ 구하다

22

Track **06**

▶▶ 거래처에 가는 金小英, 급한 마음에 택시를 탄다.

金小英　师傅，到了到了！
Shīfu, dào le dào le!

司机　小姐，是这儿吗？
Xiǎojie, shì zhèr ma?

金小英　再往前一点，在肯德基门口停车就好了。
Zài wǎngqián yìdiǎn, zài Kěndéjī ménkǒu tíngchē jiù hǎo le.

司机　小姐，到了。
Xiǎojie, dào le.

金小英　师傅，我给你一百块钱。
Shīfu, wǒ gěi nǐ yìbǎi kuài qián.

司机　小姐，你没有零钱吗？
Xiǎojie, nǐ méiyǒu língqián ma?

金小英　没有。我只有一百块的。
Méiyǒu. Wǒ zhǐyǒu yìbǎi kuài de.

司机　那行，小姐我找你七十六块、你数一数。
Nà xíng, xiǎojie wǒ zhǎo nǐ qīshíliù kuài, nǐ shǔ yi shǔ.

金小英　正好。谢谢！再见！
Zhènghǎo. Xièxie! Zàijiàn!

司机　再见！
Zàijiàn!

到 dào ❶ 도착하다 ❷ ~까지 ｜ 往 wǎng ~쪽으로 ｜ 肯德基 Kěndéjī 켄터키 후라이드 치킨(KFC) ｜ 停 tíng 세우다 ｜ 零钱 língqián 잔돈 ｜ 只 zhǐ 오로지, 단지 ｜ 正好 zhènghǎo 딱 맞다

1 이중목적어를 갖는 동사

중국어에서 목적어를 두 개 가질 수 있는 동사는 아주 제한적입니다. '教(가르치다)', '送(보내다)', '给 (주다)', '问 (묻다)', '借 (빌리다)', '还 (돌려주다)', '告诉 (알리다)', '找 (거슬러 주다)' 등이 그 대표적인 예입니다.

- 韩老师教我们汉语。Hán lǎoshī jiāo wǒmen Hànyǔ.

- 我想送你礼物。Wǒ xiǎng sòng nǐ lǐwù.

- 我问你一个问题。Wǒ wèn nǐ yí ge wèntí.

- 你借我一本书好吗？Nǐ jiè wǒ yì běn shū hǎo ma?

- 他还我英语书。Tā huán wǒ Yīngyǔ shū.

- 我要告诉你一个秘密。Wǒ yào gàosu nǐ yí ge mìmì.

- 我找你二十块钱。Wǒ zhǎo nǐ èrshí kuài qián.

2 목적어의 종류

① 명사 목적어

- 他妹妹看篮球比赛。Tā mèimei kàn lánqiú bǐsài.

② 대명사 목적어

- 他喜欢我。Tā xǐhuan wǒ.

③ 동사 목적어

- 孟科长爱笑。Mèng kēzhǎng ài xiào.

④ 형용사 목적어

- 吴先生不怕苦。Wú xiānsheng bú pà kǔ.

⑤ 주술(主谓) 목적어

· 我知道他在家。 Wǒ zhīdao tā zài jiā.

⑥ 술빈(述宾) 목적어

· 他妹妹喜欢看书。 Tā mèimei xǐhuan kàn shū.

3 给의 여러 가지 용법

'给' 는 '동사' 와 '개사' , '결과보어' 등으로 쓰입니다.

① 동사로 쓰일 때 : 주다

· 他给我一本汉语书。 Tā gěi wǒ yì běn Hànyǔ shū.

② 개사로 쓰일 때: ~에게, ~를 위해서, ~대신

· 今天我给你写信。 Jīntiān wǒ gěi nǐ xiě xìn.

· 你能给我做什么呢? Nǐ néng gěi wǒ zuò shénme ne?

③ 결과보어로 쓰일 때: 주다

· 你把这件毛衣还给他吧。 Nǐ bǎ zhè jiàn máoyī huán gěi tā ba.

단어

秘密 mìmì 비밀 | 怕 pà 두려워하다 | 还 huán 돌려주다, 반환하다(동사로 쓰일 때는 'huán' 이라고 읽고 , 부사로 쓰일 때는 'hái' 라고 읽음)

녹음을 잘 듣고 맞는 그림을 찾아 보세요.

1 Ⓐ   Ⓑ

    A   B   C   D

2 Ⓐ   Ⓑ

    A   B   C   D

3 Ⓐ   Ⓑ

 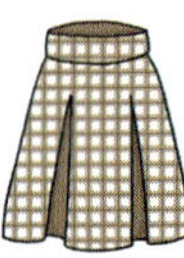  

    A   B   C   D

그림을 보며 대화를 완성해 보세요.

（1）

Ⓐ 你想给我什么？

Ⓑ

（2）

Ⓐ 你哥哥喜欢什么？

Ⓑ

（3）

Ⓐ 售货员找你多少钱？

Ⓑ

（4）

Ⓐ 你还给他什么？

Ⓑ

단어

电视 diànshì 텔레비전 ｜ 看 kàn 보다 ｜ 售货员 shòuhuòyuán (상점 등의) 점원, 판매원

문법에 맞는 것을 찾아 보세요.

(1)　A. 我不想还毛衣你。　　　B. 我不想还你毛衣。
　　　C. 我还不想你毛衣。　　　D. 我不想你还毛衣。

(2)　A. 韩老师教我们汉语。　　　B. 韩老师教汉语我们。
　　　C. 韩老师我们教汉语。　　　D. 韩老师汉语教我们。

(3)　A. 我告诉你要一个秘密。　　　B. 我要一个秘密告诉你。
　　　C. 我要告诉你一个秘密。　　　D. 我要你告诉一个秘密。

(4)　A. 你能我给做什么呢？　　　B. 你给我能做什么呢？
　　　C. 你能给我什么做呢？　　　D. 你能给我做什么呢？

(5)　A. 你把这件毛衣还给他吧。　　B. 这件毛衣把你还给他吧。
　　　C. 你把这件毛衣给他还吧。　　D. 这件毛衣还给他把你吧。

다음을 중국어로 써 보세요.

1 너한테 하나 묻고 싶은데, 괜찮아? (可以)

2 김 선생님은 우리에게 일어를 가르치십니다.

3 나는 그녀에게 꽃 한 다발을 주고 싶다. (一束花)

4 내 여동생은 농구 시합을 봅니다.

5 책 한 권만 빌려 줄 수 있니? (借)

可以 kěyǐ 좋다, 괜찮다, ~할 수 있다 | 束 shù 묶음, 다발 | 借 jiè 빌리다

Travel

면적 9,983㎢, 인구 846만 명인 도시 시안. 중국에 대해 무지한 사람이라도 중국 역사나 고대 소설에 자주 등장하는 '장안'이라는 지명은 익숙할 것이다. 기원전 1134년 이래로 서주(西周), 진(秦), 서한(西汉), 신망(新莽), 서진(西晋), 전조(前赵), 전진(前秦), 후진(后秦), 서위(西魏), 북주(北周), 수(隋), 당(唐) 등 모두 12개 왕조의 도읍지로서 이름을 떨쳤던 장안이 바로 오늘날의 시안이다. 특히 중국이 안정된 통일 국가로서 번영을 구가했던 한나라와 당나라 때는 화려함이 절정을 이루었으며, 고대 동서양을 잇는 교역로였던 실크로드의 시발점으로서도 국제적인 명성을 떨쳤다. 아테네, 카이로, 로마와 나란히 세계 4대 고도로 꼽히는 시안의 시내와 교외에는 수많은 문화 유적이 보존되어 있는데, 그중에서 엄청난 규모의 병마용갱이 발굴된 친스황링(秦始皇陵), 양귀비와 현종이 사랑을 나누었던 화칭츠(华清池), 〈서유기〉의 실제 모델인 현장 법사를 기리는 다옌타(大雁塔) 등은 너무나 유명하다. 또한 시내 중심부를 여전히 견고하게 둘러싸고 있는 명나라 성벽은 전 세계적으로 현존하는 옛 성벽 중에서 가장 규모가 크고 역사가 오래되었으며, 그 형태도 완벽하게 보존되어 있다. 이 성벽 위에 올라가서 망망한 황혼 속에서 고도의 저녁 풍경을 바라보고 있노라면 매우 특별한 감동을 느낄 수 있을 것이다.

시안 입성을 환영하는 북대문 입성식

▲ 북대문 입성식

시안으로의 입성을 환영하는 의미를 지니는 북대문 입성식은 과거의 입성식 절차를 재현하며, 또한 관광객들을 함께 참여하게 해서 새로운 체험을 할 수 있게 해 준다. 입성식 절차를 살펴보면, 먼저 북대문에 도착해서 일렬로 서 있으면 옛날 병사복을 입은 수문장들의 신호에 맞춰 성문이 열리고 뒤로 간소한 황실 행렬식이 열린다. 그러면 참여한 관광객들은 제공되는 작은 약술 한 잔을 마시고, 북대문의 통과 증명서와 함께 금색 열쇠를 받게 된다. 그리고 증명서를 들고 대문을 통과하고 나면 증표로 증명서에 도장을 찍어 준다. 이어서 10명 남짓한 무희들의 춤 공연이 있고, 공연이 끝나면 함께 참여한 사람들이 모두 모여 단체 사진을 찍게 해 준다. 만약 사진을 구입하고 싶으면 중국돈으로 50원 정도 지불하면 된다.

시안의 기후

도시명	기 온(℃)	1월	2월	3월	4월	5월	6월	7월	8월	9월	10월	11월	12월
서 안	최고평균	- 0.2	2.8	8.7	14.5	19.4	25.3	27.0	26.0	20.0	14.3	7.3	1.4

시안의 볼거리

어팡궁 (阿房宮, 아방궁)

시안과 중국, 중국 역사를 통틀어 빼놓을 수 없는 인물인 진시황 (秦始皇)의 황궁이다. 지금은 그 모습이 남아있지 않고, 흔적만 이 있지만, 그 흔적만으로도 옛날의 규모를 알 수 있을 만큼 거대 하다. 시안시 서쪽 교외에 있는 이 유적지는 동서 2,500m와 남 북 1,000m의 크기로 앞의 전(殿)과 뒤의 궁(宮), 두 부분으로 나뉘어 있었던 것을 알 수 있다. 전(殿)의 유적지는 동서 1,300m와 남북 500m의 60만m²의 면적으로 1만 명을 수용할 수 있었다고 한다.

▲ 어팡궁 전경

어팡궁의 건설은 황제의 위엄을 보이고, 다른 한편으로는 더 많 은 사람들로 하여금 황제에게 알현하게 하기 위함이었다. 기록에 의하면, 진시황이 중국을 통일하고 하나의 국가로 정복하는 과정 에서 경성(京城–베이징), 함양(咸阳–시안)의 궁궐들을 다시 짓게 했는데 이것을 '육국궁전(六国宫殿)'이라 불 렀다. 한번은 진시황이 각지의 12만 부상(富商)들을 함양으로 모았는데, 그 인구가 함양궁에 숲처럼 빽빽히 들 어서서 입구까지 꽉 찼다고 한다. 그런데 이곳은 남쪽으로는 위강, 북으로는 고원을 접하고 있어서 앞으로 넓힐 수가 없었다. 이에 진시황은 위강을 메워 남쪽의 평원까지 확장시켰고, 진시황이 중국을 통일한 후 9년(서기 212년)에는 서주의 풍고 근처에 어팡궁의 진전을 건설하기 시작했다. '어팡(阿房)'이라는 것은 '근방(近旁)', 즉 함양의 근처를 의미하는 것이다. 그러나 미처 공사가 다 끝나기 전에 진시황이 죽고, 그 2세가 이어 공사를 계속하게 된다.

어팡궁의 크고 작은 건물만 700여 곳에 이르고, 같은 하늘 아래에 있다고 해도 각각의 방이 모두 기후가 틀렸다 고 한다. 진시황은 생전에 보석과 미녀들을 궁 내에 두었다고 한다. 그러나 이후, 진왕조의 정치 체제와 경제가 붕괴되고 농민 봉기가 일어나 항우가 병을 이끌고 함양을 함락시키면서 어팡궁도 폐허로 남게 되었다.

가전제품의 종류

冰箱 bīngxiāng 냉장고

洗衣机 xǐyījī 세탁기

熨斗 yùndǒu 다리미

吸尘器 xīchénqì 청소기

数码相机 shùmǎ xiàngjī
디지털 카메라

电饭锅 diànfànguō
전기밥솥

电视机 diànshìjī 텔레비전

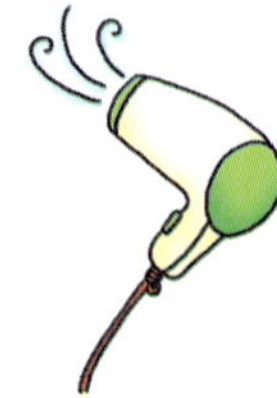

吹风机 chuīfēngjī
헤어드라이어

电扇 diànshàn 선풍기

北汉山离这儿近吗？

북한산은 여기서 가까워요?

기본회화

Track 09

01

A : 你家离地铁站近吗?
Nǐ jiā lí dìtiězhàn jìn ma?

B : 很近，只有500米。
Hěn jìn, zhǐ yǒu wǔbǎi mǐ.

02

A : 从首尔到北京坐飞机得多长时间?
Cóng Shǒu'ěr dào Běijīng zuò fēijī děi duō cháng shíjiān?

B : 得两个小时。
Děi liǎng ge xiǎoshí.

03

A : 明天你跟谁一起去上海?
Míngtiān nǐ gēn shéi yìqǐ qù Shànghǎi?

B : 我跟王明一起去。
Wǒ gēn Wáng Míng yìqǐ qù.

04

A : 交通银行怎么走?
Jiāotōng yínháng zěnme zǒu?

B : 先过马路，一直往前走。
Xiān guò mǎlù, yìzhí wǎng qián zǒu.

 단어

离 lí ~로부터 | 地铁站 dìtiězhàn 전철역 | 得 děi (시간, 금전 등이) 걸리다 | 小时 xiǎoshí 시간 | 怎么 zěnme 어떻게 | 过 guò 건너다, 쇠다 | 马路 mǎlù 도로 | 一直 yìzhí 계속

34

Track 10

▶▶ 李珉과 金小英이 드디어 본격적인 청춘사업에 돌입하는 걸까요?

李珉	哎，周末我们去爬山，怎么样？
	Āi, zhōumò wǒmen qù pá shān, zěnmeyàng?

金小英	爬哪座山？
	Pá nǎ zuò shān?

李珉	北汉山，怎么样？
	Běihànshān, zěnmeyàng?

金小英	北汉山离这儿近吗？
	Běihànshān lí zhèr jìn ma?

李珉	很近。从公司到北汉山坐车要20分钟。
	Hěn jìn. Cóng gōngsī dào Běihànshān zuò chē yào èrshí fēn zhōng.

金小英	那跟谁一起去呀？
	Nà gēn shéi yìqǐ qù ya?

李珉	跟小王、孟科长一起去吧。
	Gēn Xiǎo Wáng, Mèng kēzhǎng yìqǐ qù ba.

金小英	那我们星期六去还是星期天去？
	Nà wǒmen xīngqīliù qù háishì xīngqītiān qù?

李珉	星期六吧。星期天人太多了。
	Xīngqīliù ba. Xīngqītiān rén tài duō le.

金小英	好的。
	Hǎo de.

 단어

哎 āi 이봐요! 참! ｜ 周末 zhōumò 주말 ｜ 爬 pá 오르다 ｜ 座 zuò 산을 나타내는 양사 ｜ 从…到… cóng…dào… ~에서 ~까지 ｜ 呀 ya 문장 끝에 쓰여 어세를 도움 ｜ 还是 háishì ~아니면

1 개사(介词)

여러 가지 개사 중에서, 이번 과에서는 '시간', '장소', '방향'을 나타내는 개사 '在', '从', '从…到…', '往'과 대상을 나타내는 개사 '跟'을 공부합니다.

① 在 : '~에서' 라는 뜻으로, '장소', '시간'을 나타냅니다.
- 我在家看电视。Wǒ zài jiā kàn diànshì.
- 我弟弟在朋友那儿玩儿。Wǒ dìdi zài péngyou nàr wánr.

② 从 : '~로부터' 라는 뜻으로 기점을 나타냅니다.
- 金小英从公司出发。Jīn Xiǎoyīng cóng gōngsī chūfā.

③ 从 A 到 B : 'A에서 B까지'를 나타냅니다. A부분이 출발점을, B부분이 목적지를 나타내고, 목적어로 시간이나 장소 모두 쓸 수 있습니다.
- 我们从星期一到星期五上汉语课。
  Wǒmen cóng xīngqīyī dào xīngqīwǔ shàng Hànyǔ kè.
- 从家到学校骑自行车最方便。
  Cóng jiā dào xuéxiào qí zìxíngchē zuì fāngbiàn.

④ A 离 B : 'A는 B로부터'의 의미입니다. A부분이 목적지를 나타내고, B부분이 출발점을 나타냅니다.
- 公司离这儿很近。Gōngsī lí zhèr hěn jìn.
- 我家离火车站有五、六百米。Wǒ jiā lí huǒchē zhàn yǒu wǔ, liùbǎi mǐ.

⑤ 往 : '~쪽으로' 라는 방향을 제시합니다.
- 一直往前走。Yìzhí wǎng qián zǒu.
- 我不知该往哪儿走。Wǒ bùzhī gāi wǎng nǎr zǒu.

⑥ 跟 : '~에게', '~를 향해'라는 뜻을 가지고 있습니다.

　· 妈妈**跟**我说 : "快走吧!" Māma gēn wǒ shuō : "kuài zǒu ba!"

　· 我想**跟**你一起去公园。 Wǒ xiǎng gēn nǐ yìqǐ qù gōngyuán.

　· 小李**跟**谁一起去吃饭? Xiǎo Lǐ gēn shéi yìqǐ qù chī fàn?

2 의문부사 多를 이용한 의문문

의문부사 '多'를 형용사와 같이 써서 정도를 묻는 의문문을 만들 수 있습니다. '多' 앞에 '有'를 동반할 수 있는데, 이때 '有'는 '숫자가 어느 정도에 다다르다'라는 뜻을 갖습니다. 이러한 의문문에 쓰는 형용사에는 '高(높다, 키가 크다)', '大(나이가 많다)', '长(길다)', '远(멀다)', '宽(넓다)', '深(깊다)', '厚(두껍다)' 등이 있습니다.

　A : 学校离这儿有**多远**? Xuéxiào lí zhèr yǒu duō yuǎn ?
　B : 有四、五百米。 Yǒu sì, wǔbǎi mǐ.

　A : 他有**多高**? Tā yǒu duō gāo ?
　B : 一米七三左右。 Yì mǐ qīsān zuǒyòu.

出发 chūfā 출발하다 (뒤에 목적어가 올 수 없음) ｜ 方便 fāngbiàn 편하다 ｜ 该 gāi 마땅히 ~하다

녹음을 잘 듣고 맞는 그림을 찾아 보세요

1 Ⓐ    Ⓑ 

 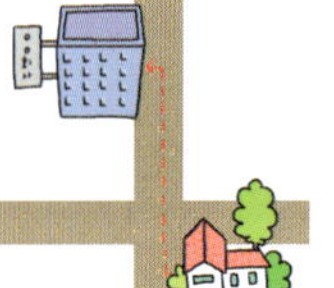  

A	B	C	D

2 Ⓐ   Ⓑ

A	B	C	D

3 Ⓐ   Ⓑ

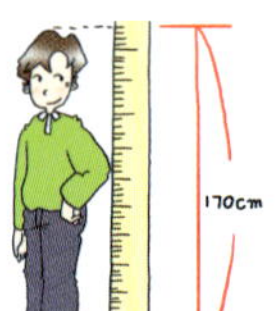 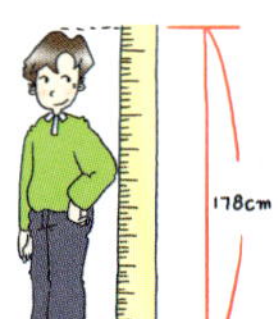 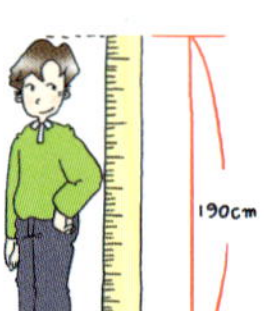

A	B	C	D

1 그림을 보며 대화를 완성해 보세요.

(1)

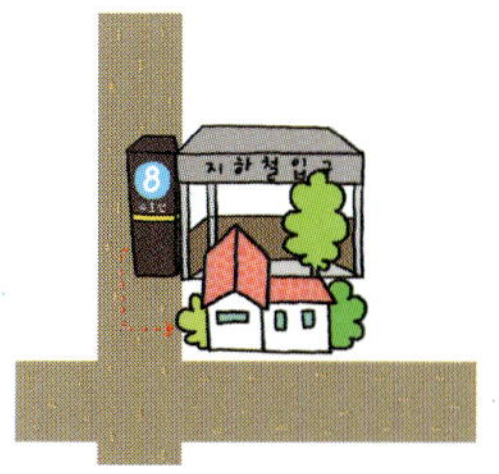

Ⓐ 你家离地铁站近吗？

Ⓑ

(2)

Ⓐ 明天你跟谁一起去上海？

Ⓑ

(妈妈)

(3)

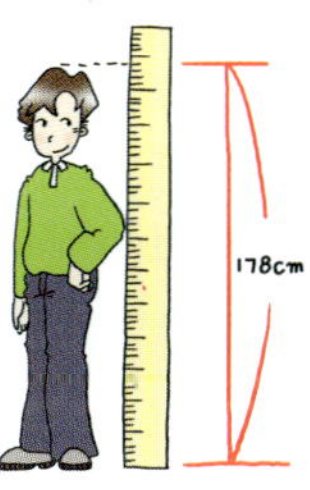

Ⓐ 你的男朋友有多高？

Ⓑ

(厘米)

(4)

Ⓐ 你妹妹从哪儿出发？

Ⓑ

(公司)

단어

米 mǐ 미터 (m) ▶ 厘米 límǐ＝公分 gōngfēn 센티미터(cm) ｜ 公里 gōnglǐ 킬로미터 (km) ｜ 克 kè 그램 (g) ｜ 公斤 gōngjīn 킬로그램(kg)

문법에 맞는 것을 찾아 보세요.

(1) A. 从首尔不太远到北京 。　　B. 从首尔到北京不太远 。
　　C. 到北京从首尔不太远 。　　D. 从到首尔不太远北京 。

(2) A. 去中国银行在哪儿坐车?　　B. 去中国银行坐在哪儿车?
　　C. 中国银行去哪儿在坐车?　　D. 在中国银行去哪儿坐车?

(3) A. 从家到最方便学校骑自行车 。
　　B. 从家到学校最方便骑自行车 。
　　C. 从家到学校骑自行车最方便 。
　　D. 从到家学校骑自行车最方便 。

(4) A. 小李跟谁一起去吃饭?　　B. 小李一起谁跟去吃饭?
　　C. 小李跟谁去一起吃饭?　　D. 小李跟谁吃饭一起去?

(5) A. 我们从早上八点到九点上课 汉语 。
　　B. 我们早上从八点到九点上汉语课 。
　　C. 从早上八点到九点上汉语课 我们 。
　　D. 我们从早上八点到九点上汉语课 。

다음을 중국어로 써 보세요.

1 너희 집은 전철역에서 가깝니?

2 다음주에 너 누구랑 일본에 가니?

3 우리는 월요일부터 금요일까지 중국어 수업을 받습니다. （从…到…）

4 서울에서 베이징까지는 비행기로 2시간이 걸립니다. （要）

5 그는 올해 몇 살이니? / 스물여섯이야.

地铁 dìtiě 지하철 ｜ 要 yào (시간이) 걸리다 ｜ 岁 suì 나이

나의 하루

起床 qǐchuáng 일어나다

洗脸 xǐliǎn 세수하다

刷牙 shuāyá 양치질하다

上学 shàngxué 등교하다

放学 fàngxué 하교하다

锻炼身体 duànliàn shēntǐ
운동하다

做作业 zuò zuòyè 숙제하다

上网 shàngwǎng 인터넷하다

睡觉 shuìjiào 잠자다

公司附近有工商银行吗?

회사 근처에 공상은행 있어요?

학습목표

1 방위를 나타내는 방위사(方位词)에 대해 알아
   봅니다.
2 존재를 나타내는 동사술어 '在', '有', '是'에
   대해 알아봅니다.

기본회화

Track 13

01

A : 李珉在这儿吗？
Lí Mín zài zhèr ma?

B : 他不在这儿，在那儿。
Tā bú zài zhèr, zài nàr.

02

A : 我的汉语书在哪儿？
Wǒ de Hànyǔ shū zài nǎr?

B : 你的汉语书在电视上（边）。
Nǐ de Hànyǔ shū zài diànshì shàng(bian).

03

A : 小金的房间里有什么？
Xiǎo Jīn de fángjiān lǐ yǒu shénme?

B : 她的房间里有一张床、一张桌子、
Tā de fángjiān lǐ yǒu yì zhāng chuáng, yì zhāng zhuōzi,

一把椅子和一台笔记本电脑。
yì bǎ yǐzi hé yì tái bǐjìběn diànnǎo.

04

A : 公司后边的中国餐厅大不大？
Gōngsī hòubian de Zhōngguó cāntīng dà bú dà?

B : 公司后边的中国餐厅不太大。
Gōngsī hòubian de Zhōngguó cāntīng bú tài dà.

 단어

房间 fángjiān 방 | 张 zhāng 면이 넓은 것을 가리키는 양사 | 床 chuáng 침대 | 餐厅 cāntīng 식당 |
不太 bú tài 그다지 ~하지 않다

44

상황 회화

Track 14

▶▶ 잠시 파견 근무 나온 중국 직원이 李珉에게 은행 위치를 물어봅니다. 李珉의 중국어 실력을 좀 볼까요?

同事
公司附近有工商银行吗?
Gōngsī fùjìn yǒu Gōngshāng Yínháng ma?

李珉
工商银行在汇丰银行右边。
Gōngshāng Yínháng zài Huìfēng Yínháng yòubian.

同事
是吗? 谢谢你呀!
Shì ma? Xièxie nǐ ya!

李珉
怎么, 你想汇款?
Zěnme, nǐ xiǎng huì kuǎn?

同事
对, 我想给父母汇款。
Duì, wǒ xiǎng gěi fùmǔ huì kuǎn.

李珉
那你得先换钱呀。
Nà nǐ děi xiān huànqián ya.

同事
我想在银行直接换钱。
Wǒ xiǎng zài yínháng zhíjiē huànqián.

李珉
哦, 那你快去吧。
Ò, nà nǐ kuài qù ba.

 단어

工商银行 Gōngshāng Yínháng 공상은행 | 汇丰银行 Huìfēng Yínháng HSBC은행 | 汇款 huì kuǎn 송금하다 | 得 děi ~해야 한다 | 换钱 huànqián 환전하다 | 哦 ò 납득, 이해, 동의를 나타내는 감탄사

1 방위사(方位词)

방위사란? 방위를 나타내는 명사를 말합니다. 방위사는 주어, 목적어, 관형어 역할을 할 수 있습니다. 주어나 목적어로 쓰일 때는, 관형어의 수식을 받을 수도 있습니다. 실제 회화에서는 방위사 뒤에 '儿'을 붙여 발음하는 경우가 많습니다.

많이 쓰는 방위사

东边(儿)	dōngbian(r)	동쪽	西边(儿)	xībian(r)	서쪽
南边(儿)	nánbian(r)	남쪽	北边(儿)	běibian(r)	북쪽
右边(儿)	yòubian(r)	오른쪽	左边(儿)	zuǒbian(r)	왼쪽
上边(儿)	shàngbian(r)	위쪽	下边(儿)	xiàbian(r)	아래쪽
前边(儿)	qiánbian(r)	앞쪽	后边(儿)	hòubian(r)	뒤쪽
里边(儿)	lǐbian(r)	안쪽	外边(儿)	wàibian(r)	바깥쪽
旁边(儿)	pángbian(r)	옆쪽	对面	duìmian	맞은편
中间(儿)	zhōngjiān(r)	중간	附近	fùjin	부근

① 방위사가 주어로 쓰일 때, 관형어의 수식을 받을 수 있습니다.

- 里边有人。 Lǐbian yǒu rén.

- 学校附近有很多餐厅。 Xuéxiào fùjìn yǒu hěn duō cāntīng.

② 방위사가 관형어로 쓰일 때, 방위사 뒤에 '的'를 써줍니다.

- 前边的人是我爸爸, 后边的人是我妈妈。
  Qiánbian de rén shì wǒ bàba, hòubian de rén shì wǒ māma.

- 上边的书是我的。 Shàngbian de shū shì wǒ de.

③ 방위사가 목적어로 쓰일 때, 방위사를 수식하는 관형어에 '的'를 쓰지 않습니다.

- 韩老师在里边。 Hán lǎoshī zài lǐbian.

- 咖啡厅在公司旁边。 Kāfēitīng zài gōngsī pángbian.

④ 방위사 중에서 '里边'과 '上边'이 명사 뒤에 쓰일 때, '边'을 생략할 수 있습니다.

· 教室里(边)有几个学生。　Jiàoshì lǐ(bian) yǒu jǐ ge xuésheng.

· 你的书包在桌子上(边)。　Nǐ de shūbāo zài zhuōzi shàng(bian).

⑤ '里边'과 '上边'을 제외한 기타 방위사는 '边'을 생략하는 경우가 거의 없지만, 시구(诗句) 등에 쓰일 때는 리듬감을 위해 '边'을 생략하기도 합니다.

· 床前明月光，疑是地上霜。　Chuáng qián míngyuè guāng, yí shì dìshang shuāng.

· 野外的花，窗外的雨。　Yěwài de huā, chuāng wài de yǔ.

2 **존재를 나타내는 동사** 在 / 有 / 是

① 在 : 사물/사람＋在＋장소(방위사)

· 李珉在小王和小金中间。Lí Mín zài Xiǎo Wáng hé Xiǎo Jīn zhōngjiān.

· 银行在邮局旁边。　Yínháng zài yóujú pángbiān.

② 有 : 상소(방위사)＋有＋사람/사불

· 公司附近有一家快餐厅和健身房。
Gōngsī　fùjìn　yǒu　yì jiā kuàicāntīng hé jiànshēnfáng.

· 桌子上有一个台灯、一台电脑、还有几张照片。
Zhuōzi shang yǒu yí ge táidēng,　yì tái　diànnǎo,　háiyǒu　jǐ zhāng zhàopiàn.

③ 是 : 장소(방위사)＋是＋사람/장소

· 电影院对面是书店。　Diànyǐngyuàn duìmiàn shì shūdiàn.

咖啡厅 kāfēitīng 커피숍 | 邮局 yóujú 우체국 | 健身房 jiànshēnfáng 헬스클럽 | 台 tái 대, 편, 회, 차례 (기계, 차량 따위나 연극의 공연 횟수 따위를 셀 때 씀)

HSK 听力

Track 15

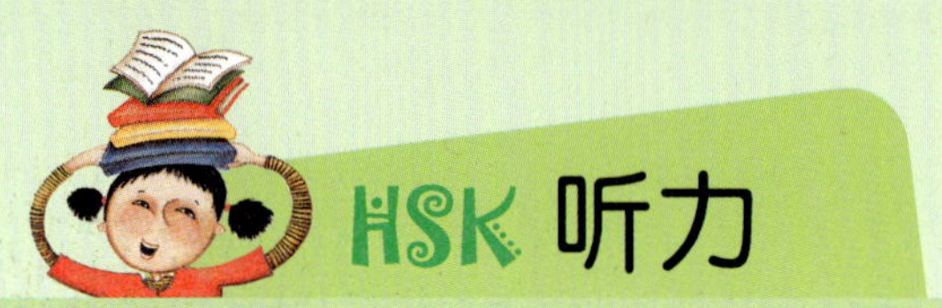

녹음을 잘 듣고 맞는 그림을 찾아 보세요.

1 Ⓐ ________ Ⓑ ________

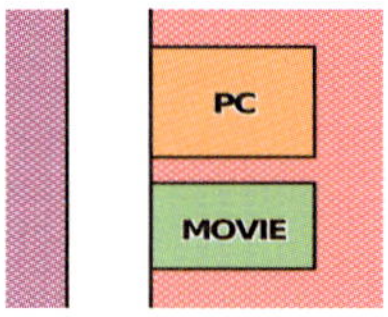

A

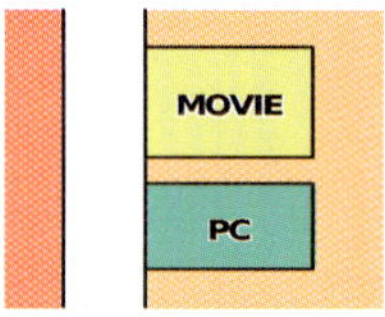

B

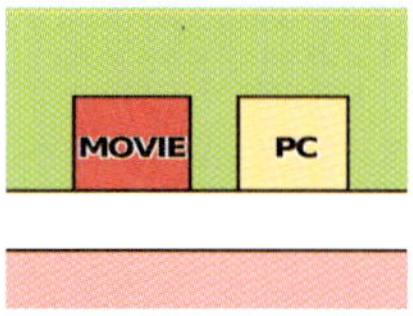

C

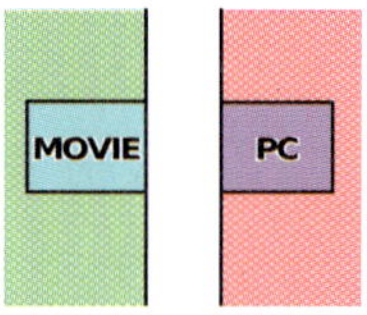

D

2 Ⓐ ________ Ⓑ ________

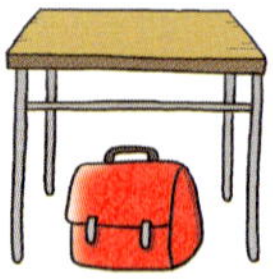

A

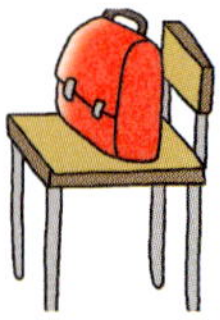

B

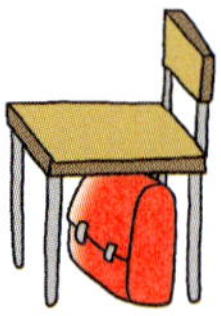

C

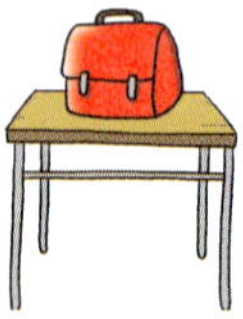

D

3 Ⓐ ________ Ⓑ ________

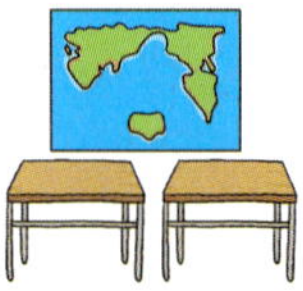

A

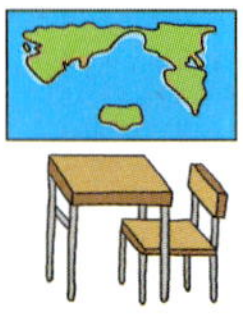

B

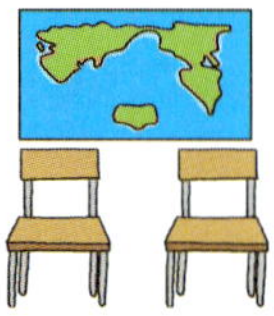

C

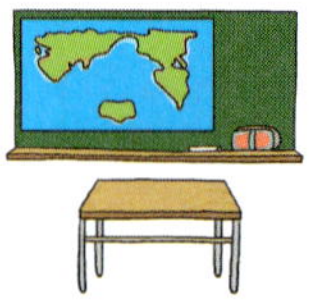

D

그림을 보며 대화를 완성해 보세요.

(1)

Ⓐ 公司附近有咖啡厅吗?

Ⓑ

（旁边）

(2)

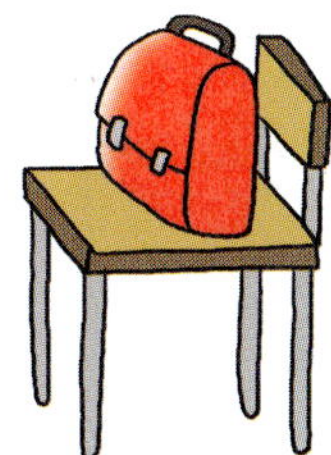

Ⓐ 我的书包在哪儿?

Ⓑ

（椅子）

(3)

Ⓐ 学校左边有什么?

Ⓑ

(4)

Ⓐ 小英在谁和谁中间?

Ⓑ

단어

咖啡厅 kāfēitīng 커피숍 | 电脑 diànnǎo 컴퓨터 | 汇款 huì kuǎn 송금

문법에 맞는 것을 찾아 보세요.

(1) A. 我们学校在公园后边中央。
     B. 我们学校在中央公园后边。
     C. 我们学校中央公园在后边。
     D. 我们学校中央公园后边在。

(2) A. 药店旁边是一个茶叶店。
     B. 药店是旁边一个茶叶店。
     C. 药店旁边一个是茶叶店。
     D. 药店旁边一个茶叶店是。

(3) A. 上边的书不是我的，是我妹妹的。
     B. 上边的书我的 不是，我妹妹的是。
     C. 我的上边的书不是，是我妹妹的。
     D. 我的上边的书不是，我妹妹的是。

(4) A. 邮局在银行附近。   B. 银行邮局在附近。
     C. 银行附近邮局在。   D. 邮局在附近银行。

(5) A. 床上有毛衣几件？   B. 床上几件毛衣有？
     C. 床上毛衣有几件？   D. 床上有几件毛衣？

다음을 중국어로 써 보세요.

1 회사 뒤쪽에 있는 중국식당은 별로 안 커요.

2 부모님께 송금을 하려고 해요.

3 책상 위에는 컴퓨터 한 대와 사진 몇 장이 놓여 있습니다.

4 커피숍은 회사 맞은편에 있습니다.

5 의자 위에 있는 것은 李娜의 책가방입니다.

中国餐厅 Zhōngguó cāntīng 중국식당 | 椅子 yǐzi 의자 | 中间 zhōngjiān 가운데, 속

시안의 볼거리 2

시안 청창 (西安城墙, 서안성벽)

시안의 유구한 역사와 비교해 볼 때, 시안에 현재 남아 있는 명나라 성벽은 근래에 축조한 것처럼 새것 같아 보인다. 하지만, 이 오래된 도시에서 가장 눈에 띄는 상징물이므로 성벽에 올라가 한번 둘러보는 것도 매우 의미 있는 일일 것이다. 지금의 시안 성벽은 1980년대에 새로 보수한 것인데, 반듯한 직사각형 모양으로 시내 중심가를 감싸고 있는 이 성벽의 총 길이는 약 14km이며 성벽의 평균 높이는 약 12m다. 이 성벽에는 모두 4개의 성루가 있는데, 각각 동쪽의 창러먼(长乐门), 남쪽의 융닝먼(永宁门), 서쪽의 안딩먼(安定门), 북쪽의 안위안먼(安远门)이다. 성벽 곳곳에는 성벽을 올라가는 경사로가 10군데 정도 있다. 성벽 안쪽의 시가지 면적은 14㎢ 이고, 성 밖에는 널찍한 해자가 있다. 성벽 전체는 이미

▲ 시안 청창

도시를 둘러싼 거대한 공원을 형성하였으며, 남쪽 성문에서는 성벽에 올라가 견학할 수 있다. 관내는 구조가 정교하고 아름다우며, 멀티미디어 터치스크린 방식의 자료 검색대가 설치되어 있어서 관람객이 직접 원하는 설명과 풍부한 화면 자료를 찾아볼 수 있다. 입구는 매점에서 전시물을 소재로 한 기념품과 공예품을 살 수 있으며, 박물관 밖에는 넓고 아름다운 광장이 조성되어 있다.

베이린 (碑林, 비림)

시안의 베이린은 본래 당나라 개성 연간에 새긴 '개성석경', '석대효경'을 소장하기 위해 세워진 곳이다. 중국에서도 비석을 가장 많이 소장하고 있는 곳으로 유명하며, 수많은 서예 애호가들이 동경하는 명승지로서 '중국 최대의 석각 도서관' 이라는 별명을 갖고 있다. 현재 6개의 진열실, 7개의 회랑, 1개의 정자가 있고 한나라 이래 역대의 비석과 묘지 2300여 점이 여기에 수장되어 있다. '개성석경'만 해도 도합 114개

▼ 베이린

의 돌, 228면에 '13경'이 65만 자 새겨져 있다. 베이린은 중국 서예 예술의 보고로서 한나라 시기부터 청나라 시기에 이르는 각 시기의 이름난 서예가들의 필적을 한자리에서 감상 할 수 있는 곳이라고 할 수 있다.

따옌타 (大雁塔, 대안탑)

따옌타는 시안 남쪽 교외에 있
는 당나라 때의 사찰인 츠언쓰
(慈恩寺) 경내에 우뚝 솟아 있
다. 이 탑은 당나라 영휘 3년
(서기 652년)에 현장 법사가
인도에서 가져운 불경을 안치
하기 위해 지은 탑으로, 당시
현장 법사는 바로 탑 옆에 있는
츠언쓰에서 불경을 번역했다.
현재 남아 있는 불탑은 모두 총
7층이고 높이 64m이며, 관광
객은 탑 안의 계단을 걸어서 올라가 볼 수 있다.

▲ 따옌타

▲ 현장법사 동상

탑의 기단 남쪽에는 당태종이 지은 〈대당삼장성교서(大唐三藏圣教序)〉
와 당고종이 지은 〈대당삼장성교서기(大唐三藏圣教序记)〉가 새겨져 있
는데, 둘 다 당나라 때의 유명한 서예가인 저수량(褚遂良)의 글씨로서 중국 고대
서예 걸작 중의 하나다. 따옌타와 관련해서, 중국에는 '안탑제명(安塔题名, 따옌타에 이름을 써 넣다)'이라는 고
사성어가 있다. 당나라 때는 과거에 합격하여 진사(进士)가 된 사람들이 따옌타에 와서 기념으로 자기 이름을 써
넣는 것이 관례처럼 되어 있었기 때문에, 이 말은 과거 시험에 합격하여 출세하는 것을 의미한다고 한다.

칭전따쓰 (清真大寺, 청진대사)

칭전따쓰는 구러우(鼓楼) 북쪽에 있는 시안 최대의 이슬람 사원으로, 속칭 '따쓰러우(大寺楼)'라고 하며 '화줴쓰
(化觉寺)'라고도 부른다. 사찰의 면적은 약 1,2㎡이고, 대전의 규모가 대단히 커서 천 명 이상을 수용할 수 있다.
대전 내에는 약 600여 폭의 각기 다른 그림이 있으며, 또한 세계적으로 보기 드문 이슬람 문화재인 목각 코란 경
전이 걸려 있다. 송나라와 명나라 때의 유명한 서예가들이 쓴 비석들도 중요한 문화재로 보관되어 있다. 이 비석들
은 사원의 역사적 연혁을 반영하고 있을 뿐만 아니라, 중국 이슬람교 역사 연구에 중요한 사료가 되고 있다.

연애

单相思 dānxiāngsī 짝사랑

谈恋爱 tánliàn'ài 연애하다

接吻 jiēwěn 키스

约会 yuēhuì 데이트

情书 qíngshū 연애편지

失恋 shīliàn 실연하다

三角恋爱 sānjiǎo liàn'ài 삼각관계

结婚 jiéhūn 결혼

吵架 chǎojià 다투다

我们在包饺子呢。

우리 만두 빚고 있어요.

학습목표

진행부사 '正', '正在', '在' 와 어기조사 '呢' 를
써서 만드는 진행문에 대해 알아봅니다.

기본회화

Track 17

01

A : 你在做什么呢？
　　Nǐ zài zuò shénme ne?

B : 我在吃饭呢。
　　Wǒ zài chī fàn ne.

02

A : 她们正在干什么呢？
　　Tāmen zhèngzài gàn shénme ne?

B : 她们在聊天儿呢。
　　Tāmen zài liáotiānr ne.

03

A : 外边下雨吗？
　　Wàibian xià yǔ ma?

B : 外边正下雨呢。
　　Wàibian zhèng xià yǔ ne.

04

A : 明年的这个时候你可能做什么呢？
　　Míngnián de zhè ge shíhou nǐ kěnéng zuò shénme ne?

B : 我可能正在跟我女朋友旅行呢。
　　Wǒ kěnéng zhèngzài gēn wǒ nǚpéngyou lǚxíng ne.

단어

在 zài ~하고 있는 중이다 | 正在 zhèngzài 한창 ~하고 있는 중이다 | 正 zhèng 마침 | 聊天儿 liáotiānr 수다 떨다, 한담하다 | 这(个)时候 zhè (ge) shíhou 이맘때

56

상황 회화

Track 18

▶▶ 오늘은 王明 집에서 만두 빚기(包饺子)를 하기로 한 날… 누가누가 제일 잘하는지 살짝 가 볼까요?

金小英
哟! 真香! 你们在干什么呢?
Yō! Zhēn xiāng! Nǐmen zài gàn shénme ne?

李珉
我们在包饺子呢。你也快过来包吧。
Wǒmen zài bāo jiǎozi ne. Nǐ yě kuài guòlái bāo ba.

金小英
不好意思, 我不会包。
Bù hǎo yìsi, wǒ bú huì bāo.

李珉
没关系! 我来教你。
Méi guānxi! Wǒ lái jiāo nǐ.

金小英
那好吧。咦, 王明呢?
Nà hǎo ba. Yí, Wáng Míng ne?

李珉
他正在厨房煮饺子呢。
Tā zhèngzài chúfáng zhǔ jiǎozi ne.

王明
好了, 好了, 你们过来尝尝。
Hǎo le, hǎo le, nǐmen guòlái chángchang.

金小英
哎呀! 好吃! 好吃!
Āiyā! Hǎochī! Hǎochī!

李珉
我们开一个饺子店, 怎么样?
Wǒmen kāi yí ge jiǎozidiàn, zěnmeyàng?

金小英
你开一个, 我们去吃。哈哈哈…。
Nǐ kāi yí ge, Wǒmen qù chī. Hā hā hā…

 단어

哟 yō 어머나, 아니, 야(감탄을 나타냄) | 包 bāo 빚다, 싸다 | 厨房 chúfáng 주방 | 煮 zhǔ 삶다 | 尝 cháng 맛보다 | 哎呀 āiyā 어머나, 야 | 开 kāi 개업하다, 열다 | 店 diàn 가게

1 동작의 진행

동작의 진행형을 표현할 때는, 술어동사 앞에 부사 '正', '正在', '在' 를 쓰거나 문장 끝에
어기조사 '呢' 를 써줍니다. 이때, '正' 은 동작이 진행되고 있는 그 '시간' 을 강조하고, '在'
는 동작이 진행되고 있는 '상태' 를 강조합니다. '正在' 는 '시간' 과 '상태' 를 동시에 강조합
니다.

① 正 … (呢): 마침 ~하고 있는 중이다.

　▶ 이 형식에서는 '呢' 를 동반하는 경우가 많습니다.

　　· 他们正说话呢 。 Tāmen zhèng shuō huà ne.

　　· 外边正下雨呢 。　Wàibian zhèng xià yǔ ne.

② 正在 … (呢): 한창 ~하고 있는 중이다.

　▶ '呢' 를 생략하거나 그냥 두거나 상관없습니다.

　　· 他正在等他女朋友 (呢) 。　Tā zhèngzài děng tā nǚpéngyou (ne).

　　· 你给我打电话的时候，我们正在开会呢 。
　　　Nǐ gěi wǒ dǎ diànhuà de shíhou,　　wǒmen zhèngzài kāihuì ne.

③ 在 … (呢): ~하는 중이다.

　▶ 진행형 중에서 가장 보편적으로 쓰는 표현입니다.

　　· 王明在看报纸呢 。　Wáng Míng zài kàn bàozhǐ ne.

　　· 李娜在唱歌呢 。　Lǐ Nà zài chàng gē ne.

④ … (呢) : ~하는 중이다.

　▶ 앞에 진행부사를 동반하지 않아도 '呢' 만으로 진행형을 표현할 수 있습니다.

　　· 我吃饭呢 。　Wǒ chī fàn ne.

　　· 他喝茶呢 。　Tā hē chá ne.

[TIP 1] 진행형은 과거, 미래의 상황에도 쓸 수 있고, 부사어도 동반할 수 있습니다.

　　· 昨天我们去他家的时候，　他正在洗澡呢 。
　　　Zuótiān wǒmen qù tā jiā de shíhou,　　tā zhèngzài xǐ zǎo ne.

· 下星期三你找他的时候，可能他正在考试呢 。
　Xià xīngqīsān nǐ zhǎo tā de shíhou,　kěnéng tā zhèngzài kǎoshì ne.

· 他在房间里休息呢 。　▶ 이 문장에서 '在' 는 '진행부사' 가 아닌 '개사' 로 쓰입니다.
　Tā zài fángjiān lǐ xiūxi ne.

[TIP 2] 진행형을 부정할 때는 진행부사 자리에 '没' 를 써줍니다.

· 他们没吵架，他们在聊天呢 。
　Tāmen méi chǎojià,　tāmen zài liáotiān ne.

· 她没唱歌，她在跳舞 。
　Tā méi chàng gē,　tā zài tiào wǔ.

[TIP 3] 진행형의 의문문

A　：他们在打网球吗？ Tāmen zài dǎ wǎngqiú ma?

B-1：对 。| 是 。　Duì. / Shì.

B-2：没有 。　Méiyǒu.

B-3：没有 。 他们在打篮球呢 。　Méiyǒu. Tāmen zài dǎ lánqiú ne.

A：你在做什么呢？ Nǐ zài zuò shénme ne?

B：我在想你呢 。 Wǒ zài xiǎng nǐ ne.

Track 19

녹음을 잘 듣고 맞는 그림을 찾아 보세요.

1 Ⓐ   Ⓑ

A   B   C   D

2 Ⓐ   Ⓑ

A   B   C   D

3 Ⓐ   Ⓑ

A   B   C   D

그림을 보며 대화를 완성해 보세요.

(1) 

Ⓐ ______________________

Ⓑ 他在打电话呢。

(2) 

Ⓐ 你弟弟正在做什么呢？

Ⓑ ______________________

（公园）

(3) 

Ⓐ 你妹妹正在看什么呢？

Ⓑ ______________________

（电影）

(4) 

Ⓐ 外边下雨吗？

Ⓑ ______________________

干什么 gàn shénme ❶ 무엇을 하는가? ❷ 어째서(干什么는 원인을 묻는 표현이므로 为什么(이유), 怎么(방법)

와 구별하여 씀)

문법에 맞는 것을 찾아 보세요.

(1)　A. 这个时候你可能明年的做什么呢?
　　　B. 明年的这个时候你可能做什么呢?
　　　C. 你明年的这个时候 可能做什么呢?
　　　D. 你可能做什么明年的这个时候呢?

(2)　A. 你给我打电话的时候，我们正在开会呢。
　　　B. 我们打电话的时候，你给我正在开会呢。
　　　C. 我们正在开会呢，你给我打电话的时候。
　　　D. 我们正在开会，你给我打电话呢。

(3)　A. 他们没吵架，他们在聊天呢。
　　　B. 他们没吵架在聊天呢他们。
　　　C. 他们在聊天呢，他们没吵架。
　　　D. 他们在聊天没吵架呢。

(4)　A. 她们正在干什么呢?　　　B. 她们干什么正在呢?
　　　C. 她们正在什么干呢?　　　D. 正在她们干什么呢?

(5)　A. 王明在看杂志呢。
　　　B. 王明看在杂志呢。
　　　C. 王明在杂志看呢。
　　　D. 王明看杂志在呢。

다음을 중국어로 써 보세요.

1 그들은 마침 얘기 중입니다. (正…呢)

2 네가 나한테 전화했을 때, 우리는 한창 회의 중이었어. (正在…(呢))

3 그 사람은 우유를 마시는 중입니다. (…呢)

4 그는 방에서 쉬고 있는 중입니다. (在…呢)

5 그녀는 춤을 추고 있는 게 아니라, 노래를 부르고 있다. (没…在)

开会 kāihuì 회의를 하다, 회의를 열다 ｜ 休息 xiūxi 쉬다, 휴식하다 ｜ 跳舞 tiàowǔ 춤추다

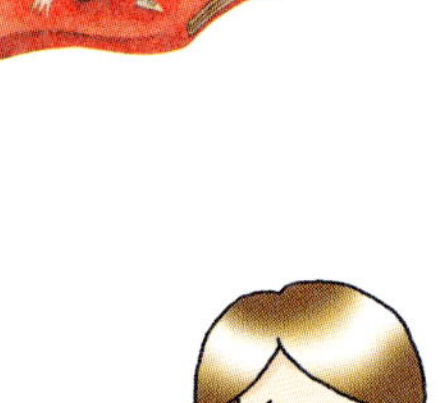

后悔 hòuhuǐ 후회하다

讨厌 tǎoyàn 싫어하다

放心 fàngxīn 안심하다

着急 zháojí 조급해하다

喜欢 xǐhuan 좋아하다

生气 shēngqì 화나다

担心 dānxīn 걱정하다

高兴 gāoxìng 기쁘다

悲哀 bēi'āi 슬프다

昨天晚上
你去哪儿了?

어젯밤에 어디 갔었어요?

학습목표

1 어떠한 일이나 동작이 이미 발생했음을 나타
  내는 어기조사(语气助词)에 대해 공부합니다.
2 전치목적어(前置宾语)에 대해 살펴봅니다.

기본회화

Track **21**

01

A : 昨天晚上你去哪儿了？
Zuótiān wǎnshang nǐ qù nǎr le?

B : 我去电影院了。
Wǒ qù diànyǐngyuàn le.

02

A : 他去百货商店买什么了？
Tā qù bǎihuòshāngdiàn mǎi shénme le?

B : 他买鞋了。
Tā mǎi xié le.

03

A : 你吃饭了没有？
Nǐ chī fàn le méiyǒu?

B : 没有。
Méiyǒu.

04

A : 小李要的火车票你买了吗？
Xiǎo Lǐ yào de huǒchē piào nǐ mǎi le ma?

B : 还没呢。
Hái méi ne.

 단어

了 le 어떠한 일이나 동작이 이미 일어났음을 나타냄 │ 百货商店 bǎihuòshāngdiàn 백화점 │ 鞋 xié 신발 │
要 yào 필요하다 │ 火车票 huǒchē piào 기차표 │ 还 hái 아직

66

Track 22

▶ 전날 밤 李珉과 전화 통화가 안 된 小英이 출근하자마자 李珉을 찾는데…

金小英	李珉，昨天晚上你去哪儿了？
	Lǐ Mín, zuótiān wǎnshang nǐ qù nǎr le?

李珉	我去理发了。
	Wǒ qù lǐfà le.

金小英	去哪儿理发了？
	Qù nǎr lǐfà le?

李珉	我家附近有一家新开的美发厅。
	Wǒ jiā fùjìn yǒu yì jiā xīn kāi de měifàtīng.

金小英	那怎么不接电话呢？
	Nà zěnme bù jiē diànhuà ne?

李珉	昨天我去那儿的时候，没带手机。
	Zuótiān wǒ qù nàr de shíhou, méi dài shǒujī.

金小英	是这样。你不接电话，我很担心。
	Shì zhèyàng. Nǐ bù jiē diànhuà, wǒ hěn dānxīn.

李珉	你担心什么呀？你怕我跑了？
	Nǐ dānxīn shénme ya? Nǐ pà wǒ pǎo le?

金小英	讨厌！ Tǎoyàn!

李珉	好了，好了，去喝咖啡吧。
	Hǎo le, Hǎo le, qù hē kāfēi ba.

 단어

理发 lǐfà 이발하다 ｜ 家 jiā 집, 회사 등을 나타내는 양사 ｜ 美发厅 měifàtīng 미용실 ｜ 接 jiē (전화) 받다, 마중하다, 받다 ｜ …的时候 …de shíhou ~할 때 ｜ 手机 shǒujī 휴대폰 ｜ 讨厌 tǎoyàn 미워하다, 싫어하다

어법배우기

1 어기조사 (语气助词) 了 (1)

어기조사 '了' (1)는 문장 끝에 쓰여, 어떠한 일이나 동작이 이미 발생했음을 나타냅니다.

기본 문형

- 我吃早饭了。 Wǒ chī zǎofàn le.

- 昨天他去中国了。 Zuótiān tā qù Zhōngguó le.

- 刚才我上洗手间了。 Gāngcái wǒ shàng xǐshǒujiān le.
  - ▶ 洗手间 = 卫生间 = 厕所

- 我去书店买书了。 Wǒ qù shūdiàn mǎi shū le.

부정형

◆ 이미 발생한 사실을 부정할 때는 술어 앞에 '没(有)'를 써주고, 동작이 아직 시작되지 않았음을 말할 때에는 '没(有)…(呢)'의 형식을 써줍니다. 주의) '没(有)'는 '어떠한 동작이나 일이 근본적으로 발생하지 않았다'라는 것을 의미하기 때문에 문장 끝에 '了'를 쓰지 않습니다.

- 昨天他没(有)去中国。 Zuótiān tā méi(yǒu) qù Zhōngguó.

- 我还没吃呢。 Wǒ hái méi chī ne.

- 我还没去学校呢。 Wǒ hái méi qù xuéxiào ne.

의문형

A ： 你吃饭了吗？ Nǐ chī fàn le ma?

B-1 ： 吃了。 | 我已经吃了。 Chī le. / Wǒ yǐjing chī le.

B-2 ： 没有。 | 没吃饭。 Méiyǒu. / Méi chī fàn.

A ： 你买什么了？ Nǐ mǎi shénme le?

B-1 ： 我买衣服了。 Wǒ mǎi yīfu le.

B-2 ： 我没买什么。 Wǒ méi mǎi shénme.

B-3 ： 我什么都没买。 Wǒ shénme dōu méi mǎi.

🔷 '了'를 쓰는 문의 반복의문문을 만들 때는 '了 + 没有'로 써 줍니다.

A ： 他去中国了没有？ Tā qù Zhōngguó le méiyǒu?

B-1 ： 去了。 Qù le.

B-2 ： 没有。 Méiyǒu.

B-3 ： 还没去呢。 Hái méi qù ne.

2 전치목적어 (前置宾语)

중국에서는 목적어가 보통 동사술어 뒤에 나오지만, 너무 긴 목적어나 강조할 필요가 있는 목적어는 주어 앞이나 동사술어 앞에 놓을 수도 있는데, 이것을 '전치목적어'라고 합니다.

· 这本书我很喜欢。 Zhè běn shū wǒ hěn xǐhuan.

· 妈妈给的零花钱你都花了吗？
  Māma gěi de línghuāqián nǐ dōu huā le ma?

· 我要的衣服你买了没有？ Wǒ yào de yīfu nǐ mǎi le méiyǒu?

단어

洗手间 xǐshǒujiān＝卫生间 wèishēngjiān＝厕所 cèsuǒ 화장실 ｜ 花钱 huā qián 돈을 쓰다 ｜ 零花钱 línghuāqián 용돈

녹음을 잘 듣고 맞는 그림을 찾아 보세요

1 Ⓐ ___________________ Ⓑ ___________________

A   B   C   D

2 Ⓐ ___________________ Ⓑ ___________________

A   B   C   D

3 Ⓐ ___________________ Ⓑ ___________________

A   B   C   D

그림을 보며 대화를 완성해 보세요.

(1)

Ⓐ 李珉去哪儿旅行了?

Ⓑ

(2)

Ⓐ 李娜刚才看什么了?

Ⓑ

（杂志）

(3)

Ⓐ 今天上午你去哪儿了?

Ⓑ

（图书馆）

(4)

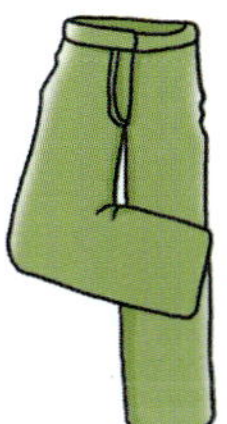

Ⓐ 你去百货商店买什么了?

Ⓑ

（裤子）

刚才 gāngcái 방금, 막 ┃ 裤子 kùzi 바지 ▶ 超市 chāoshì 마켓, 슈퍼마켓

문법에 맞는 것을 찾아 보세요.

(1)　A. 昨天晚上你哪儿去了？
　　　B. 昨天晚上你去哪儿了？
　　　C. 你昨天晚上哪儿去了？
　　　D. 你去哪儿昨天晚上了？

(2　　A. 什么我都没买。
　　　B. 我什么都没买。
　　　C. 我没买都什么。
　　　D. 我买没都什么。

(3)　A. 小李要的火车票买了你吗？
　　　B. 小李要的火车票你了买吗？
　　　C. 小李你买了要的火车票吗？
　　　D. 小李要的火车票你买了吗？

(4)　A. 我还没去学校呢。　　B. 去学校我还没呢。
　　　C. 我去还没学校呢。　　D. 我没还去学校呢。

(5)　A. 这个问题我们一定要解决。
　　　B. 我们这个问题要一定解决。
　　　C. 这个问题一定我们要解决。
　　　D. 这个问题我们一定解决要。

다음을 중국어로 써 보세요.

1 어젯밤에 어디 갔었어요? (了)

2 李珉은 백화점에 가서 뭘 샀대요? (了)

3 어제 그 사람은 미국에 안 갔어요. (没…呢)

4 그 사람은 중국어를 유창하게 해요. (流利)

5 그 사람 중국 갔어요? / 아직 안 갔어요. (了+没有)

流利 liúlì (문장, 말 따위가) 유창하다

시안의 볼거리 3

⬧ 산시 리스 보우관 (陕西历史博物馆, 섬서 역사 박물관)

▲ 산시 리스 보우관

당나라 때의 고분 벽화를 소장한 것으로 유명한 산시 리스 보우관은 산시성 역사 유물의 정수를 한데 모아 전시하고 있으며, 중국에서 유명한 대형 현대식 박물관 중 하나다. 고전 스타일과 현대적인 스타일을 결합시킨 박물관 건물은 웅장하고 힘찬 '당나라 전성기의 기상' 을 표현하고 있다. 박물관에 소장된 유물은 11만 점에 이르며 귀중하고 독특한 문화재가 많아서 주요 전시실을 모두 돌아보려면 최소한 한나절은 필요하다.

⬧ 친스황링 (秦始皇陵, 진시황릉)
친스황 빙마융 보우관 (秦始皇兵马俑博物馆, 진시황 병마용 박물관)

친스황링은 시안에서 동쪽으로 37km 떨어진 곳에 위치한 리산의 북쪽 기슭에 있다. 능묘가 있는 구역의 면적은 50여 ㎢ 이며 능묘는 남북의 길이가 500여 m, 동서의 폭이 480여 m, 높이가 약 55m에 이르는 높고 웅장한 규모라서 얼핏 보면 산처럼 보인다.

《사기(史记)》 에는 친스황링을 건설하는 데 총 70만 명의 인력이 동원되었고 37년이 걸렸으며, 묘혈 내부에는 고랑을 파고 물 대신 수은을 흐르게 하여 만든 여러 줄기의 축소판 강과 바다가 있다고 기록되어 있다. 아쉽게도 친스황링은 과학 기술 여건의 한계로 인해서 아직 발굴하

▲ 진시황 병마용

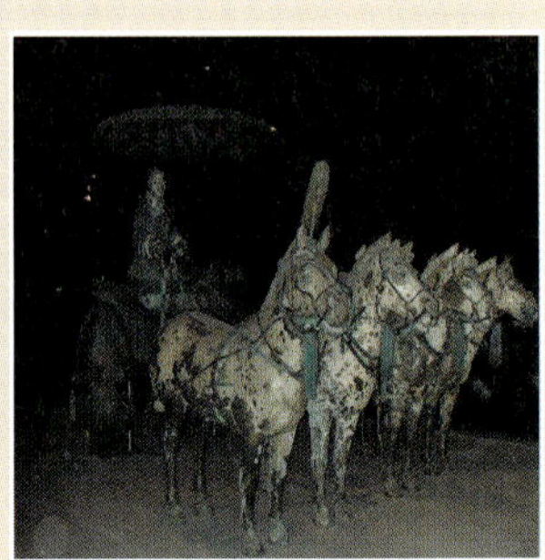

▲ 청동 마차와 말

지 못하고 있지만, 친스황링 근처에 함께 만들어진 병마용갱의 발견만으로도 세상을 놀랍게 하여 '세계 8대 기적' 으로 불린다. 이미 발굴된 3개의 병마용갱은 '品' 자 모양으로 분포되어 있는데, 실물 크기의 도기 병마용이 총 1만여 점이나 있고 구리로 된 수레와 말, 대량의 금속 병기가 발견되었다. 그 중에서 병마용은 무장한 병사의 모습을 생생하게 빚어서 구워 낸 후에 다시 채색을 입혔는데, 크기와 중량이 모두 제각각이며, 채색 또한 광물질의 원료로 10여 가지 색깔을 만들어내 그 당시의 공예 기술 수준을 알 수 있다. 발굴된 병기 중 청동검은 2,000여 년이 지난 지금도 날이 서 있어 한 번에 20여 장의 종이를 벨 수 있을 정도다. 실제 마차와 크기가 비슷한 청동마차는 세계에서 가장 큰 청동 유물이자 당시의 야금 기술, 차량 구조, 공예 기술 등을 알 수 있는 진귀한 자료이다. 2천 년의 세월 동안 지하에 경건하게 서 있어 온 웅장한 군대를 마주하고 있노라면 두려움마저 느끼게 될 것이다.

양구이페이무 (杨贵妃墓, 양귀비 묘)

시안에서 60km 떨어진 곳에 위치한 양구이페이무는 회색 벽돌로 쌓은 반구형 무덤으로 양귀비가 생전에 누렸던 영화에 비하면 너무 초라해 보인다. 양귀비는 원래 현종의 제18왕자였던 수왕의 비였다. 그러나 양귀비에게 반한 현종은 그녀를 수왕궁에서 나와 도교 사원의 여도사가 되게 하는 방법으로 수왕에게서 빼낸 후 745년 정식으로 귀비로 삼았다. 이때부터 양귀비 일가는 막대한 부와 세력을 얻어 호사스런 생활을 하였으며, 조정의 실권자가 되어 국정을 문란하게 하였다. 756년 안록산의 난이 일어나 현종과 양귀비가 시안 서쪽의 마웨이포(马嵬坡)로 도피하던 중, 호위하던 병사들이 국난을 초래한 양귀비를 죽일 것을 현종에게 강요하며 움직이지 않자, 결국 현종은 양귀비를 목을 매 죽게 하였다. 1년 후에 현종은 사람들의 눈을 피해 이곳에 양귀비의 무덤을 만들었다. 전해지는 바로는 매년 음력 3월 3일 처녀들이 이곳에서 모여 놀다가 집으로 돌아갈 때 얼굴이 하얘지고 예뻐진다는 속설 때문에 무덤 위의 황토를 한 줌씩 가져가 발랐다고 한다. 그래서 매년 줄어드는 무덤을 보호하기 위해 벽돌로 무덤 위를 감쌌다고 한다. 묘 뒤에는 높이 6m의 양귀비 대리석 조각상이 있다.

▲ 양귀비 상

화칭츠 (华清池, 화청지)

▲ 화칭츠

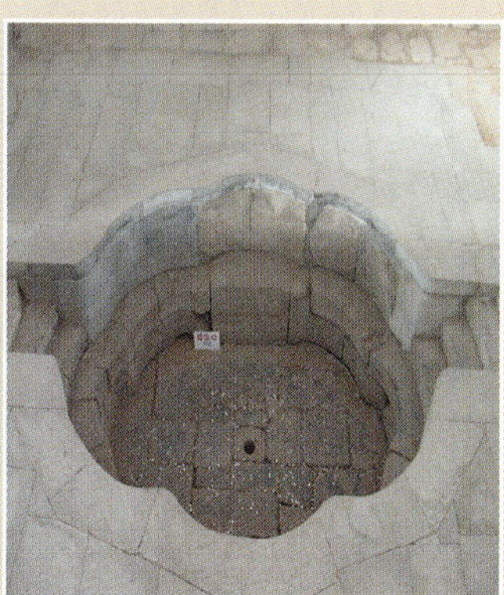

▲ 하이탕탕

양귀비와 현종이 사랑을 나눈 곳으로 유명한 화칭츠는 시안에서 동쪽으로 30km 떨어진 리산 북쪽 기슭에 있다. 리산은 옛날부터 온천으로 유명해서 진나라 때는 '리산탕'이 있었고, 당나라 천보(天宝) 연간에 당 현종이 이곳에 대규모 별장을 지어 양귀비와 함께 즐기곤 했다. 현종과 양귀비는 북방의 추위를 피해 10월에 와서 겨울을 보내고 돌아갔다고 한다. 오늘날 남아 있는 '하이탕탕'은 바로 양귀비가 '흐르는 온천물에 뭉친 연지를 씻었다'는 전설이 남아 있는 곳이다. 화칭츠에는 현재 4개의 온천이 남아 있는데, 수온이 일 년 내내 43도 안팎이며, 시설이나 가격이 다양한 욕실이 마련되어 있어서 관광객들이 직접 온천욕을 해 볼 수 있다.

취미

看电影 kàn diànyǐng 영화 관람

钓鱼 diàoyú 낚시

买东西 mǎi dōngxi 쇼핑하기

下棋 xiàqí 바둑

爬山 páshān 등산

养花 yǎnghuā 원예

唱歌 chànggē 노래하기

听音乐 tīng yīnyuè 음악 감상

看书 kànshū 독서

PART 07

我们俩去看了一部中国电影。

우리 둘은 중국 영화 보러 갔었어요.

학습목표

1 동작의 완료를 나타내는 동태조사(动态助词) '了'에 대해 공부합니다.

2 '了… 就…'의 용법에 대해 알아봅니다.

Track 25

01

A : 你们去超市买什么了？
Nǐmen qù chāoshì mǎi shénme le?

B : 我们买了两瓶啤酒、两斤牛肉、
Wǒmen mǎi le liǎng píng píjiǔ, liǎng jīn niúròu,

五袋儿方便面。
wǔ dàir fāngbiànmiàn.

02

A : 上星期六你们看了什么电影？
Shàng xīngqīliù nǐmen kàn le shénme diànyǐng?

B : 上星期六我们看了一部好莱坞电影。
Shàng xīngqīliù wǒmen kàn le yí bù Hǎoláiwù diànyǐng.

03

A : 爸爸喝了几瓶啤酒？
Bàba hē le jǐ píng píjiǔ?

B : 爸爸喝了三瓶啤酒。
Bàba hē le sān píng píjiǔ.

04

A : 明天下午下了课你去哪儿？
Míngtiān xiàwǔ xià le kè nǐ qù nǎr?

B : 下了课我就去我的高中同学那儿。
Xià le kè wǒ jiù qù wǒ de gāozhōng tóngxué nàr.

超市 chāoshì 마켓, 슈퍼마켓 ｜ 瓶 píng 병 ｜ 啤酒 píjiǔ 맥주 ｜ 斤 jīn 근(500g) ｜ 袋（儿）dài(r) 봉지 ｜ 方便面 fāngbiànmiàn 라면 ｜ 部 bù 영화, 휴대폰, 자동차 등에 쓰는 양사 ｜ 好莱坞 Hǎoláiwù 할리우드

상황 회화

Track **26**

▶▶ 옆자리 노처녀 Miss 朴, 小英의 데이트에 지대한 관심을 보이는데...

小朴　昨天你们俩去哪儿了？
Zuótiān nǐmen liǎ qù nǎr le?

金小英　我们俩去看了一部中国电影。
Wǒmen liǎ qù kàn le yí bù Zhōngguó diànyǐng.

小朴　然后呢？
Ránhòu ne?

金小英　我们先去吃了牛排，然后去咖啡厅一边喝茶
Wǒmen xiān qù chī le niúpái, ránhòu qù kāfēitīng yìbiān hē chá

一边聊天(儿)。
yìbiān liáotiān(r).

小朴　白天在公司一起工作，晚上还见面，
Báitiān zài gōngsī yìqǐ gōngzuò, wǎnshang hái jiànmiàn,

真羡慕你们。
zhēn xiànmù nǐmen.

金小英　那你也找一个吧。
Nà nǐ yě zhǎo yí ge ba.

小朴　算了，找男朋友太难了。
Suàn le, zhǎo nánpéngyou tài nán le.

 단어

俩 liǎ 둘 ｜ 然后 ránhòu ~한 이후에 ｜ 先… xiān… 먼저 ~하고 ｜ 牛排 niúpái 스테이크 ｜ 一边…一边… yìbiān… yìbiān… ~하면서 ~하다 ｜ 羡慕 xiànmù 부럽다 ｜ 算了 suàn le 그만두다, 됐다 ｜ 难 nán 어렵다

1 동태조사(动态助词) 了

동태조사란? 동사의 뒤에 쓰여 동작이 처해 있는 상태를 말해주는 조사를 말합니다. 동태조사 '了'는 동작의 완료를 나타냅니다. 동태조사는 동작이 '완료'되었다는 사실에 중점을 두기 때문에 '시제'와는 상관이 없습니다.

기본문형

- ◆ 주어 + 부사어 + 동사 + 了 + 수량관형어 + 목적어

  · 我买了一条牛仔裤。　Wǒ mǎi le yì tiáo niúzǎikù.

  · 她又认识了几个外国朋友。　Tā yòu rènshi le jǐ ge wàiguó péngyou.

- ◆ 주어 + 부사어 + 동사 + 了 + 수식관형어 + 목적어

  · 我们在西餐厅吃了很多菜。　Wǒmen zài xīcāntīng chī le hěn duō cài.

  · 李珉已经看了那本小说。　Lǐ Mín yǐjing kàn le nà běn xiǎoshuō.

- ◆ 전치목적어 + 주어 + 부사어 + 동사 + 了

  · 光盘和磁带他们都买了。　Guāngpán hé cídài tāmen dōu mǎi le.

  · 中国歌、韩国歌我们都唱了。
    Zhōngguó gē, Hánguó gē wǒmen dōu chàng le.

[TIP 1] 습관적인 동작이거나 동작이 완료되었음을 굳이 설명할 필요가 없을 때는, 동사술어 뒤에 '了'를 붙일 필요가 없습니다.

· 他以前经常来我家做客。　Tā yǐqián jīngcháng lái wǒ jiā zuò kè.

· 2007年我一直在美国学习英语。
  Èrlínglíngqī nián wǒ yìzhí zài Měiguó xuéxí Yīngyǔ.

[TIP 2] 습관적인 동사 앞에 비교적 복잡한 부사어가 나올 경우에는 목적어가 간단해도 동태조사를 씁니다.

· 我们在学校门口(儿)跟外国朋友一起照了相。
  Wǒmen zài xuéxiào ménkǒu(r) gēn wàiguó péngyou yìqǐ zhào le xiàng.

◈ 동태조사 '了'를 부정할 때는 동사술어 앞에 '没(有)'를 쓰고, 동작이 아직 시작되지 않았음을 말할 때는 '还没(有)… 呢'의 형식을 씁니다.

· 我没买手机。　Wǒ méi mǎi shǒujī.

· 他们还没看中国电影呢。　Tāmen hái méi kàn Zhōngguó diànyǐng ne.

A 　 : 他看了什么电影？　Tā kàn le shénme diànyǐng?

B-1 : 他看了好莱坞电影。　Tā kàn le Hǎoláiwù diànyǐng.

B-2 : 他没看电影。　Tā méi kàn diànyǐng.

B-3 : 他还没看电影呢。　Tā hái méi kàn diànyǐng ne.

2 동작 + 了… 就 + 동작

첫 번째 동작이 완료된 후, 바로 이어서 두 번째 동작이 진행되었을 때 쓰는 표현입니다. 이미 발생된 동작이나 행동, 혹은 앞으로 진행할 상황에 모두 씁니다.

· 我下了班就给小李打电话了。
Wǒ xià le bān jiù gěi Xiǎo Lǐ dǎ diànhuà le.

· 下星期到了北京我就找你。
Xià xīngqī dào le Běijīng wǒ jiù zhǎo nǐ.

牛仔裤 niúzǎikù 청바지 ｜ 光盘 guāngpán CD ｜ 磁带 cídài TAPE ｜ 经常 jīngcháng 자주 (经常은 常常보다 빈도수가 더 잦고, 규칙적인 동작에 쓰임)

Track 27
녹음을 잘 듣고 맞는 그림을 찾아 보세요.

1 Ⓐ ⬜   Ⓑ ⬜

A   B   C   D

2 Ⓐ ⬜   Ⓑ ⬜

A   B   C   D

3 Ⓐ ⬜   Ⓑ ⬜

          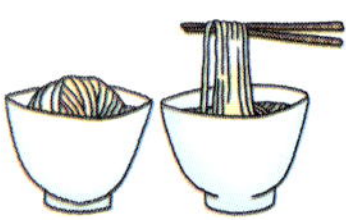

A   B   C   D

그림을 보며 대화를 완성해 보세요.

（1）

Ⓐ 你喝了几杯酒？

Ⓑ

（2）

Ⓐ 你买了什么东西？

Ⓑ

（饼干）

（2）

Ⓐ 今天下了班你做什么？

Ⓑ

（喝酒）

（1）

Ⓐ 昨天晚上你看什么了？

Ⓑ

단어

东西 dōngxi 물건 ｜ 饼干 bǐnggān 과자, 비스켓 ｜ 上班 shàngbān 출근하다 ｜ 做 zuò ~을 하다

문법에 맞는 것을 찾아 보세요.

(1)　A. 下星期到了北京我就找你。
　　　B. 到了下星期北京我就找你。
　　　C. 下星期我就找你到了北京。
　　　D. 到了北京你星期我就找你。

(2)　A. 我们俩去一部中国电影看了。
　　　B. 一部中国电影我们俩去看了。
　　　C. 我们俩去看了一部中国电影。
　　　D. 我们俩去看一部中国电影了。

(3)　A. 我们俩吃了很多菜在中国饭馆。
　　　B. 我们俩在中国饭馆吃了很多菜。
　　　C. 在中国饭馆吃了很多菜我们俩。
　　　D. 我们俩在中国饭馆很多菜吃了。

(4)　A. 明天吃早饭了我就去你那儿。
　　　B. 明天早饭吃了我就去你那儿。
　　　C. 明天我就去你那儿吃了早饭。
　　　D. 明天吃了早饭我就去你那儿。

(5)　A. 你们去超市买什么了？
　　　B. 去超市买什么了你们？
　　　C. 你们去超市了买什么？
　　　D. 买什么了你们去超市？

다음을 중국어로 써 보세요.

1 너희들 슈퍼에 가서 뭘 샀니?

2 그녀는 전에 우리 집에 자주 놀러왔어요. (经常) (做客)

3 내일 아침 먹고 바로 너희 회사로 갈게.

4 그녀는 외국 친구 몇 명을 알게 되었습니다. (认识)

5 나는 휴대폰을 사지 않았습니다. (手机)

做客 zuòkè 손님이 되다 ｜ 认识 rènshi 알다

컴퓨터

笔记本电脑 노트북
bǐjìběn diànnǎo

台式电脑 데스크톱
táishì diànnǎo

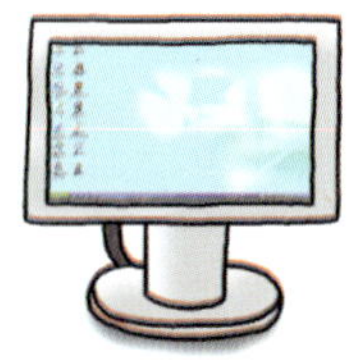

显示器 xiǎnshìqì 모니터

主机 zhǔjī 본체

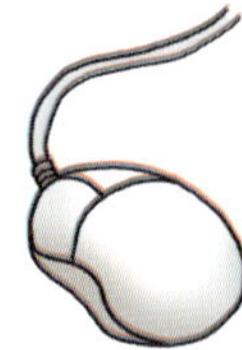

鼠标 shǔbiāo 마우스

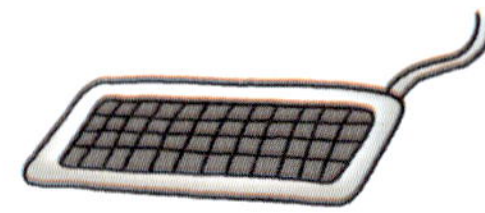

键盘 jiànpán 키보드

打印机 dǎyìnjī 프린터

音响 yīnxiǎng 스피커

光盘 guāngpán 시디

PART 08

我感冒了。

감기 걸렸어요.

기본회화

Track 29

01

A : 你怎么了？
Nǐ zěnme le?

B : 我感冒了。
Wǒ gǎnmào le.

02

A : 哎呀！都十点了，我该回家了。
Āiyā! Dōu shí diǎn le, wǒ gāi huí jiā le.

B : 那我送你回家吧。
Nà wǒ sòng nǐ huí jiā ba.

03

A : 今天怎么这么热？
Jīntiān zěnme zhème rè?

B : 夏天了嘛。
Xiàtiān le ma.

04

A : 你不喝吗？
Nǐ bù hē ma?

B : 嗯！我不想喝了。
Ng! Wǒ bù xiǎng hē le.

 단어

感冒 gǎnmào 감기 걸리다 | 哎呀 āiyā 어머나, 아이구 | 都…了 dōu…le 벌써 이렇게 되었네 | 该…了 gāi…le 마땅히 ~해야 한다 | 那 nà 저기, 그럼 | 嘛 ma ~잖아요 | 不…了 bù…le 더 이상 ~하지 않다

88

상황 호1호1

▶▶ 환절기(換季 huànjì) 감기에 걸린 金小英, 좀처럼 휴가를 안 내는 일벌레 그녀지만…

孟科长 小金，你怎么了？
Xiǎo Jīn, nǐ zěnme le?

金小英 我头很疼。
Wǒ tóu hěn téng.

孟科长 你是不是感冒了？
Nǐ shì bu shì gǎnmào le?

金小英 好像是。科长，我可以请半天假吗？
Hǎoxiàng shì. Kēzhǎng, wǒ kěyǐ qǐng bàntiān jià ma?

孟科长 可以。你回家休息吧。
Kěyǐ. Nǐ huí jiā xiūxi ba.

金小英 谢谢，科长。
Xièxie, kēzhǎng.

孟科长 小金，明天还是不舒服，你就给我打电话吧。
Xiǎo Jīn, míngtiān háishì bù shūfu, nǐ jiù gěi wǒ dǎ diànhuà ba.

金小英 好的。那我先走了。
Hǎo de. Nà wǒ xiān zǒu le.

孟科长 行，快回去吧。
Xíng, kuài huíqù ba.

 단어

头 tóu 머리 | 疼 téng 아프다 | 头疼 tóuténg 두통, 머리가 아프다 | 好像是 hǎoxiàng shì 그런 것 같아요 |
请假 qǐng jià 휴가를 신청하다 | 休息 xiūxi 쉬다 | 舒服 shūfu ❶ 편하다 ❷ (몸 상태가) 좋다

1 어기조사 (语气助词) 了 (2)

어기조사 '了' (2)는 상황의 변화, 새로운 상황의 출현을 나타냅니다.

① 동사 + 了

- 这个问题我懂了。 Zhè ge wèntí wǒ dǒng le.

- 知道了! Zhīdào le!

② 형용사 + 了

- 我的感冒已经好了。 Wǒ de gǎnmào yǐjing hǎo le.

- 你累了吧? Nǐ lèi le ba?

③ 不 + 了

- 我不想吃了。 Wǒ bù xiǎng chī le.

- 今天我不能喝酒了。 Jīntiān wǒ bù néng hē jiǔ le.

④ 有 + 了

- 她有男朋友了。 Tā yǒu nánpéngyou le.

- 他有钱了。 Tā yǒu qián le.

⑤ 是 + 了

- 他以前是老板，现在是司机了。
  Tā yǐqián shì lǎobǎn, xiànzài shì sījī le.

- 他已经不是以前的他了。 Tā yǐjing bú shì yǐqián de tā le.

⑥ 명사 + 了

- 春天了，天气暖和了。 Chūntiān le, tiānqì nuǎnhuo le.

- 现在下午三点了。 Xiànzài xiàwǔ sān diǎn le.

⑦ 该 + 了

- 该走了。Gāi zǒu le.

- 该到了。Gāi dào le.

⑧ 没(有) + 了

- 早就没有了。Zǎojiù méiyǒu le.

- 没有希望了。Méiyǒu xīwàng le.

2 刚 / 刚才

'刚'은 부사이고, '刚才'는 시간명사입니다. 두 단어의 뜻은 '막', '방금'으로 같지만, 용법은 다릅니다.

① 刚 : 행동이나 상황의 발생이 오래되지 않았음을 표현합니다. '刚'은 주어 앞에 올 수 없고 술어동사 앞에 옵니다.

- 他刚到韩国。Tā gāng dào Hánguó.

- 她刚从学校回来。Tā gāng cóng xuéxiào huílái.

② 刚才 : 현재 말하고 있는 시간에서 그리 오래지 않은 '과거'를 말합니다. '刚才'는 주어 앞에 올 수도 있고, 주어 뒤 술어동사 앞에 올 수도 있습니다.

- 你刚才去哪儿了? (= 刚才你去哪儿了?)
  Nǐ gāngcái qù nǎr le?

- 刚才的事你都看见了吧?
  Gāngcái de shì nǐ dōu kànjiàn le ba?

懂 dǒng 이해하다 ｜ 有钱了 yǒu qián le 돈이 생겼다 ｜ 暖和 nuǎnhuo 따뜻하다

Track 31

녹음을 잘 듣고 맞는 그림을 찾아 보세요.

1 Ⓐ  Ⓑ

A B C D

2 Ⓐ Ⓑ

A B C D

3 Ⓐ Ⓑ

A B C D

그림을 보며 대화를 완성해 보세요.

(1)

Ⓐ 你不去吗?

Ⓑ

(头疼)

(2)

Ⓐ 刚才谁来了?

Ⓑ

(弟弟)

(3)

Ⓐ 今天怎么这么热?

Ⓑ

(夏天)

(4)

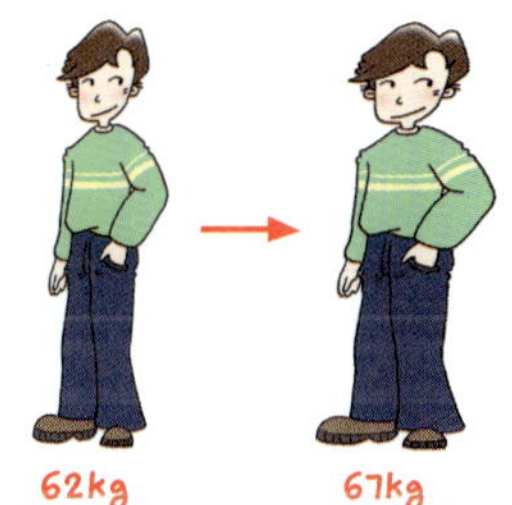

Ⓐ 最近你朋友胖了?

Ⓑ

(公斤)

단어

胖 pàng 살찌다 ｜ 公斤 gōngjīn 킬로그램(kg)

문법에 맞는 것을 찾아 보세요.

(1)　A. 你不想喝了？　　　B. 你想不喝了？
　　　C. 你不喝想了？　　　D. 你想喝不了？

(2)　A. 请我可以半天假吗？　　B. 我请半天假可以吗？
　　　C. 我可以请半天假吗？　　D. 请半天假我可以吗？

(3)　A. 刚才的你都看见了事吧？
　　　B. 你都看见了 刚才的事吧？
　　　C. 刚才的事你都看见了吧？
　　　D. 刚才的事你看见都了吧？

(4)　A. 我妈妈的病已经好了。
　　　B. 我妈妈的病好了已经。
　　　C. 我妈妈病已经好的了。
　　　D. 妈妈的病我已经好了。

(5)　A. 我已经不是以前的我了。
　　　B. 以前的我已经我不是了。
　　　C. 我已经以前的不是我了。
　　　D. 我已经不是以前的我了。

다음을 중국어로 써 보세요.

1   오늘 당신 왜 그래요?

2   그 사람은 예전엔 학생이었는데, 지금은 선생님이 되었습니다. (了)

3   나는 막 베이징에 도착했습니다. (刚)

4   방금 전에 어디 갔었니? (刚才)

5   당신이 말한 것을 이해했습니다. (懂)

懂 dǒng 이해하다, 알다

🍴 시안의 먹거리

비가 적게 오는 산시성 일대는 밀을 주로 재배하기 때문에 국수와 만두 등의 밀가루 음식을 즐겨 먹는다. 시안의 국수와 만두는 유난히 종류가 다양하고 맛과 모양이 가지각색이다. 특히 만두의 경우에는 수백 가지 만두가 있어서 골라 먹는 재미가 있다. 다만, 시안의 음식은 우리 나라 사람들이 질색하는 향채(香菜)가 많이 들어가는 편이라 조심해야 한다.

자오쯔옌 (饺子宴)

시안의 한 음식점에서 시작된 시안의 자오쯔옌은 이미 수십 년의 역사를 지니고 있다. 자오쯔옌을 우리말로 옮기면 '물만두 파티' 쯤 될 것이다. 그야말로 각양각색의 물만두로 멋지게 한 상을 차려 내는 것이다. 제팡루(解放路)에 위치한 자오쯔옌 판뎬(饺子宴饭店)과 중구러우 광창(钟鼓楼广场)에 위치한 더파창 주뎬(得发长酒店)은 시안의 양대 자오쯔옌 식당으로 물만두의 종류가 100여 가지에 달하여 국가 지도자나 외국 국빈도 자주 찾는 곳으로 유명하다.

후루지 (葫芦鸡)

닭을 통째로 조리하여 만드는 후루지는 '후룬지(囫囵鸡)'라고도 부르며 시안의 전통적인 먹거리 중 하나다. 후루지는 조리 방법이 독특하다. 우선 신선한 국물과 여러 가지 조미료를 넣고 찜통에 넣어 찐 후, 다시 기름솥에 넣어 황금색이 될 때까지 튀긴다. 완성된 요리는 모양과 색깔이 보기 좋고, 껍질은 바삭바삭하고 속살은 부드러우며, 매우 담백하고 맛있다.

처우주 (稠酒)

"이백(李白)은 술 한 말을 마시고 시 백 편을 써냈다"는 이야기 속에서 당시 이백이 즐겨 마셨던 술은 바로 장안의 특산물인 처우주였다고 한다. 처우주의 원료는 찹쌀이며, 찹쌀을 쪄서 발효시켜서 만드는데, 빛깔이 백옥처럼 희고 풀처럼 걸쭉하며 알코올 도수가 아주 낮아서 나이를 불문하고 모두가 즐길 수 있다. 처우주에 물푸레나무꽃을 넣은 것은 황구이처우주(黄桂稠酒)라고 한다.

당삼채 (唐三彩)

당삼채는 당나라 때 유명했던 삼채도기를 본떠 만들었다. 당삼채는 백색, 갈색, 녹색 세 가지의 유색 유약을 주로 사용한 데서 붙은 이름이다. 유약을 바르거나 초벌구이한 도기에 다시 유색 유약을 칠하여 낮은 온도에서 구워낸다.

진용 (秦俑)

진용은 진시황병마용을 본떠 만든 도기 인형이다.
진시황병마용박물관 앞에서 구입할 수 있으나 정교하게 만들어지지 않아 쉽게 부서지는 단점이 있다.

섬서민간전지 (陝西民间剪纸)

섬서민간전지는 가위로 종이를 사람, 동물, 사물 등 다양한 모양으로 오려 놓은 기념품이다. 섬서성 북쪽 지역에서 매년 입춘 경에 창문이나 문에 종이를 오려 붙였던 데서 시작되었다.

탁본 (拓本)

섬서비석과 묘지명이 많은 시안에서는 탁본도 좋은 기념품이 된다. 유명한 서예가의 글씨가 새겨진 비석의 탁본은 서예를 좋아하는 사람들에게 선물용으로 좋다. 그러나 시중에 가짜가 많으므로 주의가 필요하다. 시안 베이린(비림) 전시관에서는 탁본한 작품을 그 자리에서 판매하여 여행자들의 호응을 얻고 있다.

Happy Chinese 최고를 향해 **한 발 한 발** 나아가는 **절대커리큘럼**

중국어교실 시리즈

종합		회화

초급

Happy Chinese 중국어교실
초급 1~6
각권 1개월씩 총 6개월 과정

Happy Chinese 중국어교실
초급 上·中·下(초급1~6의 합본)
각권 2개월씩 총 6개월 과정

Happy Chinese 중국어교실
회화편 초급 2개월 과정

중급

Happy Chinese 중국어교실
중급 1~4
각권 1개월씩 총 4개월 과정

Happy Chinese 중국어교실
중급 上·下(중급1~4의 합본)
각권 2개월씩 총 4개월 과정

Happy Chinese 중국어교실
회화편 중급 2개월 과정

고급

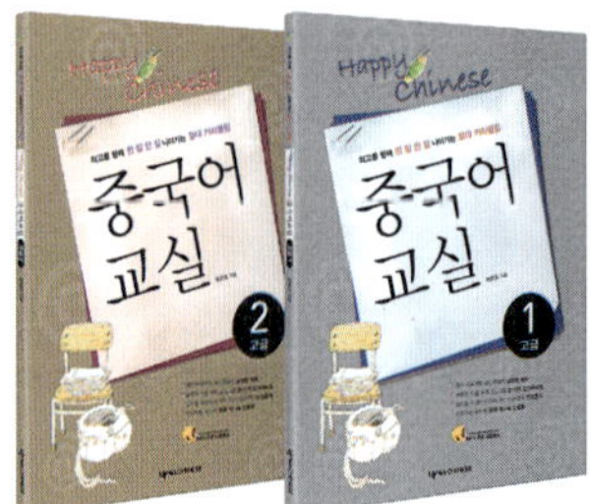

Happy Chinese 중국어교실
고급 1~2
각권 1개월씩 총 2개월 과정

Happy Chinese

최고를 향해 **한 발 한 발** 나아가는 절대 커리큘럼

중국어 교실

한민이 지음

3 초급

가이드북

Happy Chinese

3 초급

중국어 교실

我想去游泳池。

수영장에나 갈까 해요.

학습목표
조동사 '想', '要', '会', '能', '可以'의 용법과 각각의 차이점에 대해
알아보고, 상황회화를 통해 응용해 보도록 합니다.

기본회화 12 page

A : 他会说汉语吗？　그 사람은 중국어를 할 줄 알아요?

B : 他不会说汉语，会说英语。　그 사람은 중국어는 못하고, 영어는 해요.

A : 你想去哪儿？　어디에 가려고 합니까?

B : 我想去书店。　서점에 가려고요.

A : 我可以爱你吗？　사랑해도 될까요?

B : 不行，我有男朋友。　안 돼요. 전 남자 친구가 있어요.

A : 你能游多少米？　수영해서 몇 미터나 갈 수 있어요?

B : 我能游1000米。　1000미터요.

단어설명

会 huì ～할 수 있다 ▷ '会…的'의 형식으로 '가능'을 나타내며 회화에서 많이 씁니다.

| 同学 | 李娜，下课后你想去哪儿？ | 李娜, 수업 끝나고 어디 가려고? |

| 李娜 | 我想去游泳池。 | 수영장에나 갈까 해. |

| 同学 | 你会游泳啊？ | 너 수영할 줄 알아? |

▷ '啊'는 어기조사로 '吗' 대신 쓰인 것입니다. '啊'를 쓰면 말투가 좀 더 부드러워집니다.

| 李娜 | 当然，你呢，不会？ | 당연하지. 너는 못해? |

▷ '当然'은 한동안 유행했던 '당근이지!'란 말과 같은 뉘앙스를 띱니다.

▷ '不会'는 '不会吗?'를 줄여놨다고 생각하면 됩니다. 이때, '会' 부분의 끝을 올려서 발음해야 합니다.

| 同学 | 我是个旱鸭子。 | 난 맥주병이야. |

| 李娜 | 是吗？那你会什么运动？ | 그래? 그럼 너 무슨 운동할 줄 알아? |

| 同学 | 我会打网球。 | 난 테니스 할 줄 알아. |

| 李娜 | 哦! 哪天我们一起去打网球，怎么样？ |

아! 그럼 다음에 우리 같이 테니스 치러 가자, 어때?

▷ '咱们'과 '我们'의 차이점: 말하는 상대방을 포함할 때는 '咱们'을, 포함하지 않을 때에는 '我们'을 사용합니다. 단, 경우에 따라서는 '我们'도 말하는 상대방을 포괄할 수 있습니다.

| 同学 | 好阿，没问题! | 좋아. 문제없어! |

▷ '没问题'는 그야말로 영어의 'No problem'입니다. 어깨를 으쓱하며 말해보세요. 훨씬 살아있는 중국어가 됩니다.

1 想

· 我想吃面包。 나는 빵이 먹고 싶습니다.

· 我妹妹想去中国旅行。 내 여동생은 중국으로 여행 가고 싶어합니다.

▷ '旅行'은 자동사로 목적어를 동반하지 않는데, 이와 같은 동사로는 '出差(출장 가다)', '出发(출발하다)', '玩儿(놀다)' 등이 있습니다.

· 你想喝什么？ (당신은) 뭐 드실래요?

▷ 중국어의 의문사에는 사람을 묻는 '谁', 사물을 묻는 '什么', 장소를 묻는 '哪儿', 이유를 묻는 '为什么',

4

'怎么' 등이 있습니다.

- 我不想见他。난 그 사람을 만나고 싶지 않습니다.

- 我不想吃饭。난 밥 먹고 싶지 않아요.

  ▷ '想' 이 동사로 쓰일 땐, '보고 싶다', '그리워하다' 의 뜻이 됩니다.

2 要

- 你要换多少美元? 달러를 얼마나 바꾸시려고요?

- 我不想去日本。난 일본에 가고 싶지 않아요.

- 学生要努力学习。학생은 열심히 공부해야 한다.

  ▷ '要' 은 언뜻 보면 부정형을 '不要' 로 써야할 것 같지만, 이렇게 쓰면 '~하지 마라' 라는 전혀 다른 금지
  의 뜻이 되고 맙니다.

- 你们不用去那儿。너희들은 거기 갈 필요가 없어.

3 会

- 她不会游泳。그녀는 수영을 하지 못합니다.

- 别等他了，他不会来这儿的。그 사람 기다리지 마. 그 사람 여기에 안 올 거야.

4 能

- 李娜能游三百米。李娜는 수영해서 300m 갈 수 있어.

- A : 今天晚上他能来吗? 오늘 밤에 그 사람 올 수 있나요?

  B : 可以。 / 不能。 네. / 아뇨.

  ▷ 단독으로 대답할 때, 보통 '可以' 라고 합니다.

4 可以

- A : 这儿可以抽烟吗? 여기서 담배를 피워도 됩니까?

  B : 可以。 / 不能。 네. / 아뇨.

- 我们可以帮助你。우리는 당신을 도울 수 있습니다.

  ▷ '帮助' 는 '물질적인 도움을 주다' 의 의미가 강하고, '帮忙' 은 '어떤 행동을 해준다' 는 의미가 강합니다.

HSK 听力

16 page

1 정답 C

A : 你想喝什么? (당신은) 뭐 드실래요?

B : 我想喝咖啡。 나는 커피를 마시고 싶습니다.

2 정답 **D**

A : 这儿可以抽烟吗? 여기서 담배를 피워도 됩니까?

B : 不行，这儿不能抽烟。 안 돼요. 여기서는 담배를 피울 수 없습니다.

3 정답 **B**

A : 你会打网球吗? 너 테니스 칠 줄 알아?

B : 我会打网球。 나 테니스 칠 줄 알아.

HSK 口语 17 page

(1) A : 下课后你想去哪儿? B : 下课后我想去图书馆。

(2) A : 你会游泳吗? B : 我不会游泳，会打篮球。

(3) A : 这儿可以喝酒吗? B : 这儿不能喝酒。

(4) A : 你要去中国吗? B : 我不想去中国，想去日本。

HSK 语法 18 page

(1) 정답 **C** : 我很想去中国。 나는 중국에 가고 싶다.

(2) 정답 **A** : 李珉不会游泳。 이민은 수영을 할 줄 모른다.

(3) 정답 **D** : 你妹妹想吃什么? 네 여동생 무엇을 먹고 싶어하니?

(4) 정답 **B** : 大家要努力工作。 모두 열심히 일해야 한다.

(5) 정답 **B** : 我可以用你的自行车吗? 네 자전거를 쓸 수 있을까?

HSK 写作 19 page

(1) 我不会开车，会骑自行车。

(2) 你什么时候能去?

(3) 我妹妹会说汉语。

⑷ 李娜能游三百米。

⑸ 他想喝什么？

PART 02

我给你一百块钱。

여기 100위안요.

학습목표

1 이중 목적어를 갖는 동사에 대해 알아봅니다.
2 목적어의 종류를 심층 분석해 봅니다.
3 '给'의 여러 가지 용법에 대해 알아봅니다.

기본회화　22 page

A : 你想给我什么? 너 나한테 뭐 주고 싶은데?
B : 我想给你一块手表。 너한테 시계 하나 주려고.

▷ 挂钟 괘종시계 / 闹钟 자명종

A : 韩老师教你们什么? 한 선생님은 너희들에게 뭘 가르치시니?
B : 她教我们汉语。 그녀는 우리들에게 중국어를 가르치십니다.

A : 我问你一个问题, 可以吗? 나 너한테 하나 묻고 싶은데, 괜찮아?
B : 可以, 快问吧。 그럼, 어서 물어봐.

A : 师傅, 我给您一百块。 아저씨, 여기 100위안요.
B : 小姐, 我找您五块。 아가씨, 5위안 거슬러 드릴게요.

단어설명

块 kuài 덩어리, 조각을 표현하는 양사 ▷ 주로 고기, 시계, 빵, 천 등에 쓰임
〈04〉에서는 화폐 단위로 쓰임

找 zhǎo 거슬러 주다 ▷ '找'는 '사람을 찾다, 직장을 구하다' 등에도 쓰입니다.

金小英	师傅，到了到了! 아저씨, 됐어요, 됐어요!

▷ '到了' 는 '到 + 了' 의 형태로 '도착하였습니다' 의 뜻이지만, 우리말 어감을 살리기 위해 '됐어요' 로 의역했습니다.

司机	小姐，是这儿吗? 아가씨, 여기요?
金小英	再往前一点，在肯德基门口停车就好了。

앞으로 조금만 더 가주세요, KFC 앞에서 세워주시면 돼요.

司机	小姐，到了。 아가씨, 도착했습니다.
金小英	师傅，我给你一百块钱。 아저씨, 여기 100위안요.
司机	小姐，你没有零钱吗? 아가씨, 잔돈 없으세요?
金小英	没有。我只有一百块的。 없는데요. 저 100위안짜리밖에 없어요.
司机	那行，小姐我找你七十六块，你数一数。

그럼 됐어요. 아가씨 여기 76위안이요, 세어보세요.

▷ '那' 는 '그러면' , '그럼' 의 뜻입니다. '数一数' 는 동사의 중첩으로 '한 번 세어보세요' 의 뜻입니다. '数' 가 4성이 되면 '숫자' 라는 명사가 됩니다.

金小英	正好。谢谢! 再见! 딱 맞아요. 고맙습니다! 안녕히 가세요!
司机	再见! 안녕히 가세요!

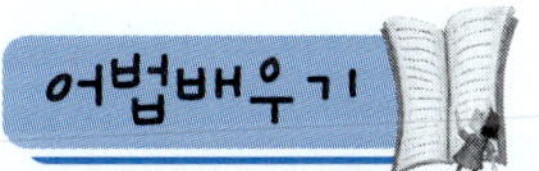

1 이중 목적어를 갖는 동사

· 韩老师教我们汉语。 한 선생님은 우리에게 중국어를 가르치십니다.

· 我想送你礼物。 나 너한테 선물하고 싶은데.

· 我问你一个问题。 너한테 하나만 물을게.

· 你借我一本书好吗? 책 한 권만 빌려줄 수 있어?

· 他还我英语书。 그는 나에게 영어책을 돌려줬다.

· 我要告诉你一个秘密。 너한테 비밀 하나 얘기해줄게.

· 我找你二十块钱。 20위안을 거슬러 드릴게요.

2 목적어의 종류

· 他妹妹看篮球比赛。 그의 여동생은 농구 시합을 봅니다.

· 他喜欢我。 그 사람은 나를 좋아해요.

· 孟科长爱笑。 맹 과장님은 잘 웃습니다.
  ▷ 잘 운다 는 '爱哭' 입니다.

· 吴先生不怕苦。 오 선생님은 고생을 두려워하지 않습니다.

· 我知道他在家。 난 그가 집에 있는 것을 압니다.

· 他妹妹喜欢看书。 그의 여동생은 책 보는 것을 좋아합니다.

3 给의 여러 가지 용법

· 他给我一本汉语书。 그는 나에게 중국어 책 한 권을 줍니다.

· 今天我给你写信。 오늘 나 너에게 편지를 쓸 거야.

· 你能给我做什么呢? 너 날 위해 뭘 할 수 있는데?

· 你把这件毛衣还给他吧。 이 스웨터 좀 그 사람한테 돌려줘.

HSK 听力

26 page

1 정답 B

A : 他给你什么? 그가 너에게 무엇을 줬니?

B : 他给我两张电影票。 그는 나에게 두 장의 영화표를 줬어.

2 정답 C

A : 你的男朋友借给你什么? 네 남자 친구 너에게 무엇을 빌려줬니?

B : 我的男朋友借给我一辆自行车。 내 남자 친구는 내게 자전거 한 대를 빌려줬어.

3 정답 D

A : 王丽还给小英什么? 王丽는 소영에게 무엇을 돌려줬니?

B : 王丽还给小英一件黄毛衣。 王丽는 소영에게 노란색 스웨터 한 벌을 돌려줬어.

27 page

(1) A : 你想给我什么？
너 나한테 뭘 줄 거야?

B : 我想给你一本英文杂志。
나는 네게 영문 잡지를 주려고 해.

(2) A : 你哥哥喜欢什么？
네 오빠는 무엇을 좋아하니?

B : 我哥哥喜欢看电视。
우리 오빠는 TV보는 것을 좋아해.

(3) A : 售货员找你多少钱？
점원이 네게 얼마를 거슬러 줬니?

B : 售货员找我十块钱。
점원은 나에게 10위안을 거슬러 줬어.

(4) A : 你还给他什么？
당신은 그에게 무엇을 돌려줬나요?

B : 我还给他一件黄毛衣。
나는 그에게 노란색 스웨터 한 벌을 돌려줬어요.

28 page

(1) 정답 B : 我不想还你毛衣。 나는 너에게 스웨터를 돌려주지 않을 생각이야.

(2) 정답 A : 韩老师教我们汉语。 한 선생님은 우리에게 중국어를 가르치신다.

(3) 정답 C : 我要告诉你一个秘密。 너에게 비밀 하나를 알려줄게.

(4) 정답 D : 你能给我做什么呢？ 너 나한테 뭘 해줄 수 있는데?

(5) 정답 A : 你把这件毛衣还给他吧。 이 스웨터 좀 그 사람한테 돌려줘.

29 page

(1) 我问你一个问题，可以吗？

(2) 金老师教我们日语。

(3) 我想给她一束花。

(4) 我妹妹看篮球比赛。

(5) 你借给我一本书，好吗？

PART 03

北汉山离这儿近吗?

북한산은 여기서 가까워요?

학습목표
1 개사 '在', '从', '从…到…', '往', '离', '给', '跟' 등에 대해 알아봅니다.
2 의문부사 '多'를 이용한 의문문을 만들어봅니다.

기본회화　　34 page

A : 你家离地铁站近吗?　당신의 집은 지하철에서 가깝습니까?
B : 很近, 只有500米。　가깝습니다. 500m밖에 안 됩니다.

A : 从首尔到北京坐飞机得多长时间?
서울에서 베이징까지 비행기로 얼마나 걸리지?
B : 得两个小时。　두 시간 걸립니다.

A : 明天你跟谁一起去上海?　내일 너 누구랑 상하이에 가니?
B : 我跟王明一起去。　나는 王明이랑 같이 가.

A : 交通银行怎么走?　교통은행은 어떻게 가죠?
B : 先过马路, 一直往前走。　먼저 길을 건넌 다음 계속 앞으로 가세요.

단어설명

从… 到… cóng… dào… ~에서 ~까지
▷ 목적어로 시간이나 장소 둘 다 올 수 있습니다.

多 duō 얼마나　▷ 의문부사 '多'를 형용사와 같이 써서 정도를 묻는 의문문을 만들 수 있습니다.
'多' 앞에 '有'를 동반할 수 있는데, 이때 '有'는 '숫자가 어느 정도에 다다르다'라는 뜻을 갖습니다.

 35 page

| 李珉 | 哎，周末我们去爬山，怎么样？ 저기. 주말에 등산 가는 거 어때요? |

▷ '哎' 는 듣는 사람에게 주의를 환기시키는 작용을 합니다. "이봐요!", "저기요!"

| 金小英 | 爬哪座山？ 어느 산요? |

| 李珉 | 北汉山，怎么样？ 북한산 어때요? |

| 金小英 | 北汉山离这儿近吗？ 북한산은 여기서 가까워요? |

| 李珉 | 很近。从公司到北汉山坐车要20分钟。 |

가까워요. 회사에서 북한산까지 차로 20분 걸려요.

▷ '坐车' 는 '차를 타고' 라는 뜻이고, '开车' 는 '차를 몰고' 라는 뜻입니다.

| 金小英 | 那跟谁一起去呀？ 그럼 누구랑 같이 가요? |

▷ '呀' 는 없어도 문장의 뜻엔 변화가 없지만, 있음으로 해서 구어체의 어감이 강해집니다.

| 李珉 | 跟小王、孟科长一起去吧。 Mr.왕이랑 맹 과장님이랑 함께 갑니다. |

| 金小英 | 那我们星期六去还是星期天去？ |

그럼 토요일에 가나요, 일요일에 가나요?

▷ '还是' 로 묻는 선택의문문에서는 반드시 하나를 선택해줘야 합니다.

| 李珉 | 星期六吧。星期天人太多了。 |

토요일로 하죠. 일요일엔 사람이 너무 많습니다.

| 金小英 | 好的。 그래요. |

▷ '好的' 는 '好' 또는 '好啊' 로 바꿔 쓸 수 있습니다.

36 page

1 개사 (介词)

① 在

· 我在家看电视。 나는 집에서 TV를 봅니다.

· 我弟弟在朋友那儿玩儿。 내 남동생은 친구 집에서 놀고 있어요.

▷ '在' 뒤에 사람이 나올 때도 반드시 '这儿 / 那儿' 을 붙여 장소화시켜야 합니다.

② 从

· 金小英从公司出发。 김소영 씨는 회사에서 출발합니다.

▷ '出发' 뒤에 목적어가 올 수 없습니다.

③ 从 A 到 B

· 我们从星期一到星期五上汉语课。

우리는 월요일부터 금요일까지 중국어 수업을 받습니다.

▷ '星期' 는 '礼拜' 와 '周' 로 바꿔 쓸 수 있는데, 주의할 것은 일요일이라고 할 때 '周天' 이라고 쓰지 않고,
반드시 '周日' 라고 해야 합니다.

· 从家到学校骑自行车最方便。

집에서 학교까지는 자전거를 타고 가는 게 가장 편합니다.

④ A 离 B

· 公司离这儿很近。 회사는 여기서 가깝습니다.

· 我家离火车站有五、六百米。

우리 집은 기차역에서 5~6백 미터 정도 떨어져 있습니다.

⑤ 往

· 一直往前走。 계속 앞으로 가세요.

· 我不知该往哪儿走。 난 어디로 가야 할지 모르겠어요.

⑥ 跟

· 妈妈跟我说：“快走吧！”。 엄마는 내게 '빨리 가!' 라고 말씀하셨습니다.

· 我想跟你一起去公园。 나는 너와 같이 공원에 가고 싶어.

· 小李跟谁一起去吃饭？ Mr.리는 누구랑 같이 밥 먹으러 간대요?

2 의문부사 多를 이용한 의문문

A : 学校离这儿有多远？ 학교는 여기서 얼마나 멀어요?

B : 有四、五百米。 4~5백 미터요.

A : 他有多高？ 그 사람 키가 얼마나 되니?

B : 一米七三左右。 1미터 73(173cm)정도야.

38page

(1) 정답 **C**

  A : 你想跟谁一起去公园？　　　　B : 我想跟我弟弟一起去公园。
  너 누구랑 공원에 갈 거야?　　　　나는 남동생과 함께 공원에 갈 거야.

(2) 정답 **C**

  A : 你家离公司近吗？ 너희 집은 회사에서 가깝니?

  B : 我家离公司很近。 우리 집은 회사에서 가까워.

(3) 정답 **C**

  A : 他有多高？　　　　B : 一米七八左右。
  그는 키가 얼마나 되니?　　　　1미터 78(178cm) 정도야.

HSK 口语

39 page

(1) A : 你家离地铁站近吗？　　　　B : 我家离地铁站很近。
  당신 집은 지하철역에서 가깝습니까?　　　　우리 집은 지하철역에서 가깝습니다.

(2) A : 明天你跟谁一起去上海？　내일 누구랑 상하이에 가니?

  B : 明天我跟我妈妈一起去上海。 엄마랑 같이 상하이에 가.

(3) A : 你的男朋友有多高？　　　　B : 一米七八左右。
  네 남자 친구는 키가 얼마나 되니?　　　　1미터 78(178cm) 정도.

(4) A : 你妹妹从哪儿出发？　　　　B : 她从公司出发。
  네 여동생은 어디서 출발하니?　　　　그녀는 회사에서 출발해.

HSK 语法

40 page

(1) 정답 **B** : 从首尔到北京不太远。 서울에서 베이징까지는 그다지 멀지 않다.

(2) 정답 **A** : 去中国银行在哪儿坐车？ 중국은행에 가려면 어디서 차를 타면 되나요?

(3) 정답 **C** : 从家到学校骑自行车最方便。
  집에서 학교까지는 자전거를 타고 가는 게 가장 편하다.

(4) 정답 **A** : 小李跟谁一起去吃饭？ 小李는 누구랑 같이 밥을 먹었니?

(5) 정답 **D** : 我们从早上八点到九点上汉语课。

우리는 아침 8시부터 9시까지 중국어 수업을 합니다.

HSK 写作

41 page

(1) 你家离地铁站近吗？

(2) 下星期你跟谁一起去日本？

(3) 我们从星期一到星期五上汉语课。

(4) 从首尔到北京坐飞机要两个小时。

(5) 他今年多大？ / 二十六岁。

PART 04

公司附近有工商银行吗？

회사 근처에 공상은행 있어요?

학습목표
1 방위를 나타내는 방위사(方位词) 에 대해 알아봅니다.
2 존재를 나타내는 동사술어 '在', '有', '是' 에 대해 알아봅니다.

기본회화   **44 page**

A : 李珉在这儿吗？   李珉 씨 여기 있어요?

B : 他不在这儿，在那儿。 李珉 씨 여기 안 계시고, 저기 계세요.

A : 我的汉语书在哪儿？   내 중국어 책이 어디 있지?

B : 你的汉语书在电视上(边)。   네 중국어 책 TV 위에 있어.

A : 小金的房间里有什么？   Miss 김 방엔 뭐가 있죠?

B : 她的房间里有一张床、一张桌子、一把椅子和一台笔记本电脑。   Miss 김 방엔 침대 하나, 책상 하나, 의자 하나와 노트북 컴퓨터 한 대가 있어요.

A : 公司后边的中国餐厅大不大？   회사 뒤쪽에 있는 중국식당은 커요?
  ▷ '餐厅' 과 '饭馆' 은 같은 뜻이고, '食堂' 은 '(회사나 학교의) 구내식당' 을 말합니다.

B : 公司后边的中国餐厅不太大。   회사 뒤쪽에 있는 중국식당은 별로 안 커요.

단어설명
把 bǎ 손잡이가 달린 물건을 세는 양사

17

同事	公司附近有工商银行吗?	회사 근처에 공상은행 있어요?
李珉	工商银行在汇丰银行右边。	공상은행은 HSBC은행 오른쪽에 있어요.
同事	是吗? 谢谢你呀!	그래요? 고마워요!

▷ '谢谢你呀'에서 '呀'는 구어체적인 어감을 강하게 해줍니다.

李珉	怎么, 你想汇款?	왜요? 송금하시게요?

▷ 存款 예금하다 / 取款 인출하다 / 转账 온라인 송금

同事	对, 我想给父母汇款。	네, 부모님께 송금 좀 하려고요.
李珉	那你得先换钱呀。	그럼 환전부터 하셔야 하는데요.

▷ '还钱'은 '돈을 돌려주다' 입니다.

同事	我想在银行直接换钱。	은행에서 직접 하려고요.
李珉	哦, 那你快去吧。	그렇군요, 그럼 얼른 가보세요.

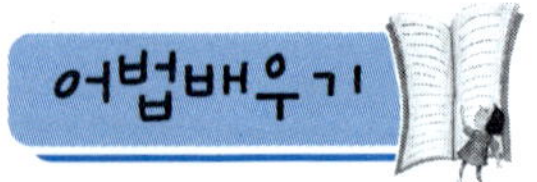

46 page

1　방위사 (方位词)

· 里边有人。 안에 사람이 있어요.

· 学校附近有很多餐厅。 학교 근처에 식당이 많아요.

· 前边的人是我爸爸, 后边的人是我妈妈。
앞쪽에 계신 분이 우리 아버지시고, 뒤쪽에 계신 분이 우리 어머니십니다.

· 上边的书是我的。 위쪽에 있는 책은 제 것이에요.

· 韩老师在里边。 한 선생님은 안에 계십니다.

· 咖啡厅在公司旁边。 커피숍은 회사 옆에 있습니다.
▷ 찻집이라고 할 때는 '茶馆儿' 이라고 합니다.

· 教室里(边)有几个学生。 교실에 학생 몇 명이 있습니다.

· 你的书包在桌子上(边)。 네 책가방은 책상 위에 있어.

· 床前明月光, 疑是地上霜。

18

침실을 비추는 휘영청 밝은 달빛에, 땅에 내린 서리인가 하노라.

· **野外的花，窗外的雨**。 들에는 꽃, 창 밖엔 비.

2 존재를 나타내는 동사 在/ 有 / 是

① 在

· **李珉在小王和小金中间**。 李珉은 Mr.왕과 Miss.김 사이에 있습니다.

· **银行在邮局旁边**。 은행은 우체국 옆에 있습니다.

② 有

· **公司附近有一家快餐厅和健身房**。
회사 근처에 패스트푸드점과 헬스클럽이 있어요.

· **桌子上有一个台灯、一台电脑、还有几张照片**。
책상 위에는 스탠드 하나, 컴퓨터 한 대 , 또 사진 몇 장이 놓여 있어요.

③ 是

· **电影院对面是书店**。 극장 맞은편은 서점입니다.

HSK 听力

48 page

(1) 정답 **D**

A : **网吧在哪儿？**　　　　B : **网吧在电影院对面**。
PC방은 어디에 있니?　　　　PC방은 극장 맞은편에 있어.

(2) 정답 **C**

A : **我的书包在哪儿？**　　B : **你的书包在椅子下面**。
내 책가방 어디에 있니?　　네 책가방은 의자 밑에 있어.

(3) 정답 **B**

A : **你的教室里有什么？** 너희 교실에는 무엇이 있니?

B : **我的教室里有桌子、椅子、一张世界地图**。
우리 교실에는 탁자, 의자 그리고 한 장의 세계지도가 있어.

(1) A: 公司附近有咖啡厅吗？　　B: 有，咖啡厅在公司旁边。
회사 근처에 커피숍이 있니?　　있어. 커피숍은 회사 옆에 있어.

(2) A: 我的书包在哪儿？ 내 책가방 어디에 있니?

B: 你的书包在椅子上(边)。 네 책가방은 의자 위에 있어.

(3) A: 学校左边有什么？　　B: 学校左边有中央公园。
학교 왼쪽에 무엇이 있습니까?　　학교 왼쪽엔 중앙공원이 있습니다.

(4) A: 小英在谁和谁中间？　　B: 小英在李娜和李珉中间。
소영은 누구와 누구 사이에 있니?　　소영은 李娜와 李珉 사이에 있습니다.

(1) 정답 B: 我们学校在中央公园后边。
우리 학교는 중앙공원 뒤에 있다.

(2) 정답 A: 药店旁边是一个茶叶店。 약국 옆은 찻잎 가게입니다.

(3) 정답 A: 上边的书不是我的，是我妹妹的。
위에 있는 책은 제 것이 아니라, 제 여동생 것입니다.

(4) 정답 A: 邮局在银行附近。 우체국은 은행 부근에 있다.

(5) 정답 D: 床上有几件毛衣？ 침대 위에 몇 벌의 스웨터가 있습니까?

(1) 公司后边的中国餐厅不太大。

(2) 我想给父母汇款。

(3) 桌子上有一台电脑，还有几张照片。

(4) 咖啡厅在公司对面。

(5) 椅子上边的是李娜的书包。

PART 05

我们在包饺子呢。

우리 만두 빚고 있어요.

학습목표
진행부사 '正', '正在', '在'와 어기조사 '呢'를 써서 만드는 진행문에 대해
알아봅니다.

기본회화　56 page

 **01**

A : 你在做什么呢?　뭐 하고 있어요?

B : 我在吃饭呢。　밥 먹고 있어요.

▷ 위 문장에서 '呢'는 생략할 수 있습니다. '在' 없이 '你做什么呢?' 하고 물을 수도 있습니다.
▷ '吃饭' 대신에 '听音乐 음악 듣다', '玩儿电脑 컴퓨터하다' 등으로 바꿔 쓸 수 있습니다.

02

A : 她们正在干什么呢?　그녀들 뭐하고 있는 중이죠?

B : 她们在聊天儿呢。　그녀들은 수다 떨고 있어요.

03

A : 外边下雨吗?　밖에 비가 오나요?

B : 外边正下雨呢。밖에 마침 비가 오고 있어요.

▷ 雪 눈 / 雾 안개 / 云 구름 / 风 바람

04

A : 明年的这个时候你可能做什么呢?

내년 이맘때 넌 뭐하고 있을 거 같아?

B : 我可能正在跟我女朋友旅行呢。

난 아마 여자 친구랑 여행을 하고 있을 거야.

단어설명

可能 kěnéng 아마 ~일 것이다

▷ 조동사) 가능하다, ~할 수 있다; 명) 가능성; 부) 아마도(~일지도 모른다)

상황회화　**57** page

李小英	哟! 真香! 你们在干什么呢? 어머나! 맛있는 냄새! 다들 뭐해요?

▷ '哟' 는 가벼운 놀람과 농담의 어감을 표현하는 감탄사입니다.

李珉	我们在包饺子呢。你也快过来包吧。

우리 만두 빚고 있어요. 소영 씨도 어서 와서 빚어요.

李小英	不好意思, 我不会包。미안해요, 난 빚을 줄 몰라요.
同事	没关系! 我来教你。괜찮아요! 내가 가르쳐 줄게요.

▷ '来' 는 "내가 주동적으로 그렇게 해줄게"의 뜻입니다.

李小英	那好吧。咦, 王明呢? 그럼 좋아요. 어? 王明 씨는요?

▷ '咦' 는 놀람을 나타냅니다.

李珉	他正在厨房煮饺子呢。부엌에서 만두 삶고 있어요.

▷ '饺子' 는 끓는 물에 삶아 먹는 만두입니다. 일명 '水饺' 라고 합니다.

王明	好了, 好了, 你们过来尝尝。

됐어요, 됐어, 어서 와서 맛 좀 보세요.

▷ 尝尝: 동사를 중첩하게 되면 '시도해 보다' 의 의미가 됩니다.

李小英	哎呀! 好吃! 好吃! 어머나! 맛있어요! 맛있어요!
李珉	我们开一个饺子店, 怎么样? 우리 만두 가게 하나 열죠, 어때요?
李小英	你开一个, 我们去吃。哈哈哈...。

李珉 씨가 열면 우리가 가서 먹어줄게요. 하하하...

▷ 我们去吃: 중국어의 동사는 동작이 일어나는 순서대로 배열됩니다. 가야만 먹을 수 있으니까 '... 去吃' 가 된 것입니다. 이런 형태의 문장을 연동문이라고 합니다.

58 page

1 동작의 진행

① 正 … (呢)

· 他们正说话呢。그들은 마침 얘기 중입니다.

· 外边正下雨呢。밖에는 마침 비가 오고 있습니다.

② 正在 … (呢)

- 他正在等他女朋友 (呢)。 그 사람 자기 여자 친구를 기다리고 있는 중입니다.

- 你给我打电话的时候，我们正在开会呢。
  자네가 나한테 전화했을 때, 우리는 한창 회의 중이었다네.

③ 在 … (呢)

- 王明在看报纸呢。 王明 씨는 신문을 보고 있습니다.

- 李娜在唱歌呢。 李娜는 노래를 부르고 있습니다.

④ … (呢)

- 我吃饭呢。 나 밥 먹고 있어.

- 他喝茶呢。 그는 차를 마시고 있어요.

[TIP 1] 진행형

- 昨天我们去他家的时候，他正在洗澡呢。
  어제 우리가 그의 집에 갔을 때, 그는 샤워 중이었어.

- 下星期三你找他的时候，可能他正在考试呢。
  다음주 수요일에 네가 그를 찾아갈 때, 그는 아마도 시험 중일 거야.

- 他在房间里休息呢。 그는 방에서 쉬고 있는 중이다.

[TIP 2] 진행형의 부정

- 他们没吵架，他们在聊天呢。
  그 사람들 싸우고 있는 게 아니라, 수다를 떨고 있는 거야.

- 她没唱歌，她在跳舞。 그녀는 노래 부르는 게 아니라, 춤을 추고 있다.

[TIP 3] 진행형의 의문문

A　：他们在打网球吗？ 그 사람들 테니스 하고 있니?

B-1：对。/ 是。 네.

B-2：没有。 아뇨.

B-3：没有。他们在打篮球呢。 아뇨. 그 사람들 농구 하고 있어요.

A　：你在做什么呢？ 자기 뭐 하고 있어?

B　：我在想你呢。 당신 생각하고 있지.

60 page

(1) 정답 **C**

A：昨天你去他家的时候，他正在做什么呢？

어제 네가 그의 집에 갔을 때, 그는 무엇을 하고 있었니?

B：昨天我去他家的时候，他正在看书。

어제 내가 그의 집에 갔을 때, 그는 책을 보고 있었어.

(2) 정답 **D**

A：外边下雨吗？ 밖에 비가 오나요?

B：外边正下雨呢。 밖에 마침 비가 오고 있어요.

(3) 정답 **B**

A：你哥哥在做什么呢？ 네 오빠 뭐 하고 있니?

B：我哥哥在吃面条(儿)呢。

우리 오빠는 지금 국수를 먹고 있어.

61 page

(1) A：他在做什么呢？ 그는 뭐 하고 있어요?

B：他在打电话呢。 그는 전화 통화를 하고 있어요.

(2) A：你弟弟正在做什么呢？ 네 남동생은 뭐하고 있니?

B：我弟弟正在公园玩儿呢。 내 남동생은 공원에서 놀고 있어.

(3) A：你妹妹正在看什么呢？　B：我妹妹正在看电影呢。

네 여동생은 무엇을 보고 있니?　　　내 여동생은 영화를 보고 있다.

(4) A：外边下雨吗？　　　　　B：外边没下雨。

밖에 비 오니?　　　　　　　　밖에 비 안 와.

62 page

(1) 정답 **B**：明年的这个时候你可能做什么呢？

내년 이맘때 넌 뭐 하고 있을 거 같아?

(2) 정답 **A**：你给我打电话的时候，我们正在开会呢。

네가 나한테 전화했을 때, 우리는 한참 회의 중이었어.

(3) 정답 A : 他们没吵架，他们在聊天呢。

그 사람들 싸우고 있는 게 아니라, 수다를 떨고 있는 거야.

(4) 정답 A : 她们正在干什么呢？ 그녀들은 무엇을 하고 있는 중입니까?

(5) 정답 A : 王明在看杂志呢。 王明은 잡지를 보고 있는 중입니다.

HSK 写作

63 page

(1) 他们正说话呢。

(2) 你给我打电话的时候，我们正在开会呢。

(3) 他喝牛奶呢。

(4) 他在房间里休息呢。

(5) 她没跳舞，她在唱歌。

PART 06

昨天晚上你去哪儿了?

어젯밤에 어디 갔었어요?

학습목표

1 어떠한 일이나 동작이 이미 발생했음을 나타내는 어기조사(语气助词)에 대해 공부합니다.

2 전치목적어(前置宾语)에 대해 살펴봅니다.

기본회화 66 page

A : 昨天晚上你去哪儿了? 어젯밤에 어디 갔었어요?

B : 我去电影院了。 극장에 갔었어요.

▷ 우리나라의 '예술의 전당'이나 '세종문화회관' 같은 곳은 '剧场'이라 표현할 수 있습니다.

A : 他去百货商店买什么了? 그 사람 백화점 가서 뭐 샀대요?

B : 他买鞋了。 신발 샀어요.

▷ 皮鞋 구두 / 运动鞋 운동화 / 高跟儿鞋 하이힐 / 拖鞋 슬리퍼

A : 你吃饭了没有? 밥 먹었어요?

▷ '了'를 사용한 문장의 반복의문문은 '没有'를 넣어 '了没有'의 형태로 만들 수 있습니다.

B : 没有。 아뇨.

A : 小李要的火车票你买了吗? Mr.리가 사 달라던 기차표 샀어요?

▷ '要'가 동사 '요구하다', '달라고 하다'로 쓰였습니다.

B : 还没呢。 아직요.

단어설명

了 le ▷ 문장의 끝에 '了'가 붙으면 이미 일어난 사실을 밝히는 것입니다.

'了'를 쓰는 문장을 부정할 때는 무조건 '没(有)'를 쓰며, 동작을 아직 실행하지 않았을 때는 '还没(有)~呢'를 씁니다.

金小英	李珉，昨天晚上你去哪儿了？ 李珉, 어젯밤에 어디 갔었어요?

李珉　我去理发了。　이발하러요.

▷ 剪发 (여자들) 머리를 다듬다 / 烫发 파마하다 / 洗发 머리 감다 / 吹风 드라이하다
/ 理发师 이발사 / 美发师 미용사

金小英　去哪儿理发了？　어디 가서 이발했는데요?

李珉　我家附近有一家新开的美发厅。　우리 집 근처에 새로 개업한 미용실요.

▷ '一家新开的'는 '美发厅'을 꾸며주는 관형어입니다. '수사 + 양사 + 형용사 + 동사 +
조사'로 이루어져 있습니다.

金小英　那怎么不接电话呢？　그럼 왜 전화는 안 받았죠?

▷ 打电话 전화 걸다 / 接电话 전화 받다 / 挂电话 전화 끊다 / 占线 통화 중

李珉　昨天我去那儿的时候，没带手机。

어제 미용실에 가면서, 휴대폰을 놓고 갔어요.

金小英　是这样。你不接电话，我很担心。

그랬구나. 전화 안 받아서 걱정했어요.

李珉　你担心什么呀？你怕我跑了？

격정은 무슨. 내가 도망갈까 봐?

▷ '你怕我跑了?'의 '了' 부분에서 끝을 올려 발음하면 '吗' 없이도 의문문의 어기를 나타낼
수 있습니다.

金小英　讨厌!　미워, 정말.

李珉　好了，好了，去喝咖啡吧。알았어요, 알았어. 커피 한잔 하러 가요.

▷ '好了, 好了'는 '行了, 行了'와 바꿔 쓸 수 있습니다.

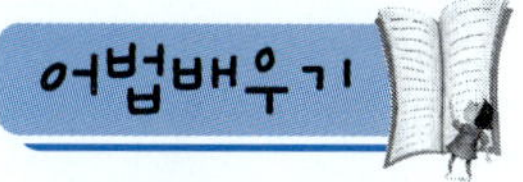

어법배우기

68 page

1　어기조사 (了)

[기본문형]

· 我吃早饭了。나 아침밥 먹었어요.

· 昨天他去中国了。어제 그 사람 중국에 갔어요.

· 刚才我上洗手间了。　방금 나 화장실 갔어요.

· 我去书店买书了。 나 서점으로 책 사러 갔었어요.

[부정형]

· 昨天他没去中国。 어제 그 사람 중국 안 갔어요.
· 我还没有吃呢。 나 아직 안 먹었어.
· 我还没去学校呢。 나 아직 학교에 안 갔어.

[의문형]

A　：你吃饭了吗？ 밥 먹었어요?
B-1：吃了。/ 我已经吃了。 네. / 전 이미 먹었어요.
B-2： 没有。/ 没吃饭。 아뇨. / 못 먹었어요.

A　：你买什么了？ 뭐 샀어요?
B-1：我买衣服了。 옷 샀어요.
B-2：我没买什么。 안 샀어요.
B-3：我什么都没买。 아무것도 안 샀어요.

A　：他去中国了没有？ 그 사람 중국 갔어요?
B-1：去了。 갔어요.
B-2：没有。 안 갔어요.
B-3：还没去呢。 아직 안 갔어요.

2　전치 목적어

· 这本书我很喜欢。 이 책이 난 참 좋아요.
· 妈妈给的零花钱你都花了吗？ 엄마가 주신 용돈 다 썼어?
· 我要的衣服你买了没有？ 내가 사 달라던 옷 샀어?

70page

(1)정답 A

A：昨天晚上你去哪儿了？　　B：昨天晚上我去图书馆了。
어젯밤에 어디 갔었어요?　　　　어젯밤에 도서관에 갔었어요.

(2) 정답 **A**

A : 昨天晚上你跟谁去酒吧了？ 어젯밤에 누구랑 술집에 갔었니?

B : 昨天晚上我跟我的男朋友一起去酒吧了。
어젯밤에 내 남자 친구와 함께 술집에 갔었어.

(3) 정답 **C**

A : 他去中国了没有？ 그 사람 중국 갔어요?

B : 他已经去中国了。 이미 중국에 갔어요.

71 page

(1) A : 李珉去哪儿旅行了？   B : 他去中国旅行了。
李珉은 어디로 여행 갔나요？   그는 중국으로 여행 갔어요.

(2) A : 李娜刚才看什么了？ 李娜가 방금 뭘 봤니?

   B : 李娜刚才看杂志了。 李娜는 방금 잡지를 봤어요.

(3) A : 今天上午你去哪儿了？   B : 今天上午我去图书馆了。
오늘 오전에 너 어디 갔었어？   오늘 오전에 도서관 갔었어.

(4) A : 你去百货商店买什么了？ 백화점에 가서 뭘 샀어?

   B : 我去百货商店买裤子了。 백화점에 가서 바지 샀어.

72 page

(1) 정답 **B** : 昨天晚上你去哪儿了？
어젯밤에 어디 갔었어.

(2) 정답 **B** : 我什么都没买。
난 아무것도 안 샀어.

(3) 정답 **D** : 小李要的火车票你买了吗？
Mr. 리가 사 달라던 기차표 샀어요?

(4) 정답 **A** : 我还没去学校呢。 나 아직 학교에 안 갔어.

(5) 정답 **A** : 这个问题我们一定要解决。 이 문제는 반드시 우리가 해결해야 한다.

29

(1) 昨天晚上你去哪儿了？

(2) 李珉去百货商店买什么了？

(3) 昨天他没去美国呢。

(4) 他汉语说得很流利。

(5) 他去中国了没有？ / 还没去呢。

PART 07

我们俩去看了一部中国电影。

우리 둘은 중국 영화 보러 갔었어요.

학습목표
1 동작의 완료를 나타내는 동태조사(动态助词) '了' 에 대해 공부합니다.
2 '了… 就…' 의 용법에 대해 알아봅니다.

기본회화 78 page

A : 你们去超市买什么了？ 너희들 슈퍼에 가서 뭘 샀니?

B : 我们买了两瓶啤酒、两斤牛肉、五袋儿方便面。

맥주 두 병, 쇠고기 두 근, 라면 다섯 개 샀어요.

▷ 중국에서는 과일, 고기, 야채, 생선 모두 근(斤 = 500g)으로 달아 팝니다.
 1kg은 '1公斤' 이라고 합니다.

A : 上星期六你们看了什么电影？ 지난 주 토요일에 너희들 무슨 영화 봤니?

B : 上星期六我们看了一部好莱坞电影。

지난 주 토요일에 우리는 할리우드 영화 한 편 봤어요.

A : 爸爸喝了几瓶啤酒？ 아빠는 맥주 몇 병 마셨어요?

B : 爸爸喝了三瓶啤酒。 아빠는 맥주 3병 마셨어.

A : 明天下午下了课你去哪儿？ 내일 오후에 수업 끝나고 너 어디 가는데?

B : 下了课我就去我的高中同学那儿。

수업 끝나고 나서 바로 고등학교 동창한테 가려고.

▷ 小学 초등학교 / 初中 중학교 / 高中 고등학교 / 大学 대학

단어설명

部 bù 휴대폰, 영화, 자동차 등에 쓰이는 양사입니다.

上/课 shàngkè 수업하다 ▷ '上汉语课' 는 '중국어 수업을 하다' 입니다.

小扑	昨天你们俩去哪儿了？	어제 너희 둘은 어디 갔었어?
李小英	我们俩去看了一部中国电影。	

중국 영화 보러 갔었어.

| 小扑 | 然后呢？ | 그리고는? |

李小英　我们先去吃了牛排，然后去咖啡厅一边喝茶一边聊天(儿)。

먼저 스테이크 먹고, 그런 후에 커피숍에 가서 차 마시면서 얘기했어.

▷ '一边… 一边…'은 동시에 두 가지 동작을 하는 것을 표현합니다. 보통 2음절 동사나 동사구
가 동반됩니다.

小扑　白天在公司一起工作，晚上还见面，真羡慕你们。

낮엔 회사에서 같이 일하고, 저녁에 또 만나고. 정말 부럽다, 너희들.

▷ 凌晨 새벽 / 早上 아침 / 上午 오전 / 中午 점심 / 下午 오후 / 傍晚 해 질 녘 / 晚上 밤

李小英　那你也找一个吧。　그럼 자기도 하나 찾아봐.

▷ '找一个'는 애인을 하나 구하라는 뜻이지요.

小扑　算了，找男朋友太难了。

됐어, 남자 친구 만드는 건 너무 힘들어.

▷ '算了'는 '得了'로 바꿔 쓸 수 있습니다.

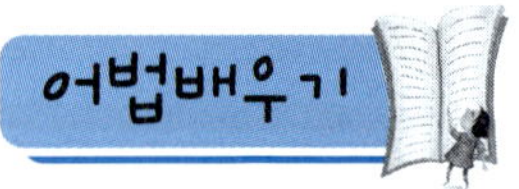 어법배우기　**80** page

1 동태조사 了

· 我买了一条牛仔裤。　나는 청바지를 하나 샀어요.

· 她又认识了几个外国朋友。　그녀는 또 외국 친구 몇 명을 알게 되었어요.

· 我们在西餐厅吃了很多菜。　우리는 서양식당에서 음식을 많이 먹었어요.

· 李珉已经看了那本小说。　李珉은 이미 그 소설을 읽었어요.

· 光盘和磁带他们都买了。　CD와 TAPE를 그 사람들은 다 샀어요.

· 中国歌，韩国歌我们都唱了。　중국 노래, 한국 노래 우린 다 불렀어요.

· 他以前经常来我家做客。　그 사람은 전에 우리 집에 자주 놀러왔어요.

· 2007年我一直在美国学习英语。　2007년에 나는 미국에서 계속 영어 공부를 했습니다.

32

· 我们在学校门口跟外国朋友一起照了相。

우리는 학교 앞에서 외국 친구와 사진을 찍었습니다.

· 我没买手机。 나는 휴대폰을 사지 않았습니다.

· 他们还没看中国电影呢。 그 사람들 아직 중국 영화 보지 않았어요.

A : 他看了什么电影? 그 사람 무슨 영화 봤대?

B-1 : 他看了好莱坞电影。 그 사람 할리우드 영화 봤어.

B-2 : 他没看电影。 그 사람 영화 안 봤어.

B-3 : 他还没看电影呢。 그 사람 아직 영화 안 봤어.

· 我下了班就给小李打电话了。 난 퇴근해서 바로 Mr.리에게 전화했어요.

· 下星期到了北京我就找你。 다음 주에 베이징에 도착하자마자 너한테 연락할게.

HSK 听力

82 page

(1) 정답 **C**

A: 你们去超市买什么了? 슈퍼마켓 가서 뭘 샀어?

B: 我们买了两瓶啤酒、两包饼干。

맥주 두 병이랑, 과자 두 봉지 샀어.

(2) 정답 **A**

A: 明天下午下了课你去哪儿? 내일 오후에 수업 끝나고 너 어디 가는데?

B: 下了课就去二十一世纪网吧。

오후 수업 끝나자마자 21세기 PC방에 갈 거야.

(3) 정답 **A**

A: 你吃了什么东西? B: 我吃了一碗面条和一碗饭。

너 뭘 먹었어? 국수 한 그릇이랑, 밥 한 그릇 먹었어.

HSK 口语

83 page

(1) A: 你喝了几杯酒? 너 몇 잔 마셨니?

B: 我喝了两杯啤酒。 맥주 두 잔 마셨어.

(2) A : 你买了什么东西？　너 뭘 샀니?

　　 B : 我买了两瓶啤酒、一包饼干。

　　　　 두 병의 맥주와 한 봉지의 과자를 샀어.

(3) A : 今天下了班你做什么？　오늘 퇴근하고 뭐 했어 ?

　　 B : 今天下了班我去喝酒。　오늘 퇴근하고 술 마시러 갔어.

(4) A : 昨天晚上你看什么了？　어제 저녁에 뭐 봤니?

　　 B : 昨天晚上我看了一部电影。어제 저녁에 영화 봤어.

HSK 语法

84 page

(1) 정답 A : 下星期到了北京我就找你。

　　　　 다음 주에 베이징에 도착하자마자 너한테 연락할게.

(2) 정답 C : 我们俩去看了一部中国电影。

　　　　 우리 둘은 중국 영화 보러 갔었다.

(3) 정답 B : 我们俩在中国饭馆吃了很多菜。

　　　　 우리 둘은 중국식당에서 많은 요리를 먹었습니다.

(4) 정답 D : 明天吃了早饭我就去你那儿。

　　　　 내일 아침 먹고 바로 당신께 가겠습니다.

(5) 정답 A : 你们去超市买什么了？

　　　　 너희들 슈퍼 가서 뭘 샀니?

HSK 写作

85 page

(1) 你们去超市买什么了？

(2) 她以前经常来我家做客。

(3) 明天吃了早饭我就去你们公司。

(4) 她认识了几个外国朋友。

(5) 我没买手机。

PART 08

我感冒了。

감기 걸렸어요

학습목표

1 상황의 변화, 새로운 상황의 출현을 나타내는 어기조사(语气助词) '了' 의
  용법에 대해 알아봅니다.
2 부사 '刚' 과 시간명사 '刚才' 에 대해 알아봅니다.

기본회화　　88 page

A : 你怎么了？　　왜 그래요?

▷ 이 말을 풀어 쓰면 "(괜찮더니) 어떻게 된 영문이에요?" 라고 할 수 있겠죠?

B : 我感冒了。　　감기 걸렸어요.

A : 哎呀！都十点了，我该回家了。　　어머나, 벌써 10시네. 집에 가야겠어요.

▷ '都…了' 에서 '都' 는 '모두' 가 아니라 '벌써' 의 뜻으로, '어느새 그렇게 되었네' 의 의미가 됩니다.

B : 那我送你回家吧。　　그럼 제가 바래다 줄게요.

▷ '괜찮아요, 집에 계세요' 라고 하고 싶으면 "留步留步!" 라고 하면 됩니다. 손님이 집에 왔다 갈 때
  는 "慢走!" 라고 하면 됩니다.

A : 今天怎么这么热？　　오늘 왜 이렇게 더운 거야?

▷ '怎么这么' 는 '어쩜 이렇게' 의 뜻입니다.

B : 夏天了嘛。　　여름이잖아.

A : 你不喝吗？　　넌 안 마셔?

▷ "你不喝了?" "你喝不喝?" 라고 물어봐도 됩니다.

B : 嗯！我不想喝了。　　응! 마시고 싶지 않아.

▷ 좀 전에 마시고 싶었는데, 어떤 이유로 마시기 싫어졌다는 뉘앙스가 깔려 있습니다.

孟科长　小金，你怎么了？　Miss김 왜 그래요?

金小英　我头很疼。　저 머리가 아파서요.

▷ '我头很疼' 은 주술술어문(主谓谓语句)입니다. '我' 가 주어이고 '头很疼' 이 다시 '주어+술어' 의 구조입니다.

孟科长　你是不是感冒了？　감기 걸린 거 아니예요?

▷ '是不是' 에는 '난 이렇게 생각하는데 맞아요?' 의 의미가 있습니다. '感冒' 와 '病' 을 바꿔 쓸 수도 있습니다.

金小英　好像是。科长，我可以请半天假吗？
그런 거 같아요. 과장님, 저 한나절만 휴가 내도 될까요?

▷ '请假' 는 이합사(离合词)이기 때문에, 휴가 기간이 '请' 과 '假' 사이에 들어가야 합니다.

孟科长　可以。你回家休息吧。　그래요. 집에 가서 좀 쉬어요.

金小英　谢谢！科长。　고맙습니다! 과장님.

孟科长　小金，明天还是不舒服，你就给我打电话吧。
Miss김 내일도 안 좋으면 나한테 전화해 줘요.

金小英　好的。那我先走了。　네. 그럼 먼저 가겠습니다.

孟科长　行，快回去吧。　그래요. 어서 가요.

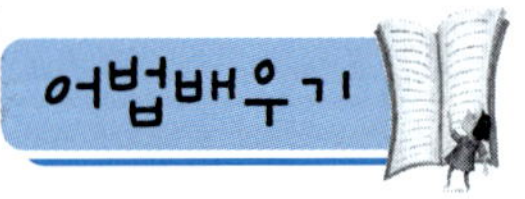

90 page

1 어기조사 了

· 这个问题我懂了。　이 문제 난 이해했어요.

· 知道了！　알았습니다.

· 我的感冒已经好了。　이미 감기가 나았어.

· 你累了吧？　피곤하지요?

· 我不想吃了。　먹고 싶지 않아요. (먹기 싫어졌어요.)

· 今天我不能喝酒了。　오늘은 술을 마실 수가 없습니다.

· 她有男朋友了。　그녀한테 남자 친구가 생겼습니다.

- 他有钱了。 그 사람 부자가 되었습니다.
- 他以前是老板，现在是司机了。
  그 사람 예전엔 사장님이었는데, 지금은 운전기사가 되었습니다.
- 他已经不是以前的他了。 그 사람은 이미 예전의 그가 아닙니다.
- 春天了，天气暖和了。 봄이 와서 날씨가 따뜻해졌습니다.
- 现在下午三点了。 지금 오후 세 시가 되었네요.
- 该走了。 가야겠습니다.
- 该到了。 도착할 때가 됐어요.
- 早就没有了。 일찌감치 없어졌어요.
- 没有希望了。 희망이 없어졌어요.
- 他刚到韩国。 그 사람 막 한국에 도착했어요.
- 她刚从学校回来。 그녀는 막 학교에서 돌아왔어요.
- 你刚才去哪儿了？ 방금 어디 갔었니?
- 刚才的事你都看见了吧？ 방금 전의 일 다 봤지?

HSK 听力

92 page

(1) 정답 **D**

  A : 今天怎么这么冷？   B : 冬天了嘛，天气当然冷了。
  오늘 왜 이렇게 춥지?   겨울이잖아, 당연히 춥지.

(2) 정답 **C**

  A : 现在几点了？ 지금 몇 시니?
  B : 都十二点了，我该回家了。 12시가 됐어. 난 가야 해요.

(3) 정답 **C**

  A : 你刚才去哪儿了？ 너 방금 전에 어디 갔었니?
  B : 我去买礼物了。 선물 사러 갔었어.

93 page

(1) A : 你不去吗？　너 안 가니?

　　 B : 我头很疼，不想去。　응, 머리가 아파서 못 가겠어.

(2) A : 刚才谁来了？　방금 누가 왔었니?

　　 B : 刚才我弟弟来了。　내 남동생이 왔어.

(3) A : 今天怎么这么热？　오늘 왜 이렇게 덥니?

　　 B : 夏天了嘛。　여름이잖아.

(4) A : 最近你朋友胖了吗？　최근에 네 친구 살쪘니?

　　 B : 最近我朋友胖了五公斤。　최근에 내 친구는 5kg 쪘어.

94 page

(1) 정답 A : 你不想喝了？　마시고 싶지 않나요?

(2) 정답 C : 我可以请半天假吗？　저 한나절만 휴가 내도 될까요?

(3) 정답 C : 刚才的事你都看见了吧？　방금 전의 일 너 다 봤지?

(4) 정답 A : 我妈妈的病已经好了。　엄마의 병은 벌써 나았어요.

(5) 정답 A : 我已经不是以前的我了。　난 이미 예전의 내가 아니야.

95 page

(1) 今天你怎么了？

(2) 他以前是学生，现在是老师了。

(3) 他刚到北京。

(4) 你刚才去哪儿了？

(5) 你说的话我懂了。

자르는 선